熱狂する社員

THE ENTHUSIASTIC EMPLOYEE
How Companies Profit by Giving Workers What They Want

企業競争力を決定する
モチベーションの3要素

デビッド・シロタ
David Sirota
ルイス・A・ミスキンド
Louis A. Mischkind
マイケル・アーウィン・メルツァー 著
Michael Irwin Meltzer

スカイライト コンサルティング 訳

Wharton
UNIVERSITY of PENNSYLVANIA
ウォートン経営戦略シリーズ

EIJI PRESS

THE ENTHUSIASTIC EMPLOYEE
How Companies Profit by Giving Workers
What They Want

by

David Sirota
Louis A. Mischkind
Michael Irwin Meltzer

Publishing as Wharton School Publishing
Upper Saddle River, New Jersey 07458

Japanese translation rights arranged with
PEARSON EDUCATION, INC.,
publishing as Wharton School Publishing
through Japan UNI Agency, Inc., Tokyo.

日本語版　訳者まえがき

昔からいわれる「ヒト・モノ・カネ」という経営の三大要素のなかで、ヒトが一番重要であることはまちがいないだろう。戦略を実行に移すのも、品質の高いモノやサービスをつくり顧客に提供するのも、調達したカネを効率的に活用して新たな価値としてのカネを生み出すのも、すべてヒトである。企業規模を問わず、自分と会社のために課せられた任務に「熱狂する」社員と、組織としての一体感こそ、企業競争力の最大の源泉である。

しかし、現在の日本企業には、このヒトについて二つの大きな問題が立ちはだかっている。一つは、日本人の仕事観の変化である。バブル崩壊後、多くの企業で導入された成果主義や公然たるリストラは、企業だけでなく個人にも「勝ち組・負け組」という格差を生み、日本はかつてない競争社会となった。その結果、会社と運命を共にし、純粋に会社のために働いた日本の象徴的な会社人間は減り、報酬や働きやすさ以外にも、企業人でなく個人としての「自己実現」や「キャリアアップ」が、日本の労働者にとって大きなテーマになっている。

だが、企業はそうした価値観の変化に対応できず、社員のモチベーションは下がりつづけている。野村総合研究所が昨年十二月に発表した調査によれば、上場企業の二〇～三〇代正社員の七五%が、現在の仕事に対して無気力を感じ、約半数が潜在的な転職志望を持っているという驚くべき結果がでている。また、これからの社会を担うはずの多くの若者が「会社とは何か、働くとは何か」に思い悩み、就職せずに自らの価値観と生き方を模索するフリーターやニートとしての存在を選択していることは、企業のみならず日本全体にとって大きな社会問題になっている。

もう一つは、労働力の国際化である。二〇〇七年問題といわれる団塊世代の定年退職問題は、好景気と重なり日本全体に深刻な人手不足を引き起こしつつある。昨年ついに突入した人口減少もふまえれば、企業はこれまで以上に外国人労働者を活用しなければならなくなるだろう。また、グローバル競争での生き残りをかけて海外進出する日系企業は、現地の人材を単なる低コストの労働力やサービス提供者としてではなく、日本人と同じ立場でマネジメントを担う正式なメンバーとして迎え、「経営」そのものの現地化を進めなければならない。

しかし、欧米企業に比べて雇用することに曖昧な感覚をもつ日本企業は、求職者に対して明確なビジョンや事業戦略、採用後のキャリアパスを示せず、優秀な人材の確保に苦戦している。また、日本人独自の暗黙のコミュニケーションが通用せず、明示的な情報公開を疎かにした結果、労働者と対立し、現地ストにまで発展した企業もある。

ではどうすれば、世代や国籍、文化や価値観の違う社員をひきつけ、鼓舞し、熱狂させることができるのか。そもそも人は仕事や職場に何を求めているのか。その欲求とはすべての人間に共通するものなのか。

本書の三人の著者は、この問題に関する組織コンサルタントとしての長年にわたる経験と膨大なアンケートによる調査研究の結果、働く人が仕事や職場に求めているのは「公平感」「達成感」「連帯感」の三つしかなく、この三つすべてを満たすことが、真に長期的な高業績を上げる企業としての必要条件であるという結論に至った。

確かに、それぞれを満たすものや重要度は人によって異なるかもしれないが、この三つを基準に社員全体の満足度を測ることができ、それぞれを具体的な施策により改善すれば、社員が高いパフォーマンスを発揮し、結果として組織としての高業績を実現できるということは、経営者や管理職にとって大きな指針となる。

また著者は、この三つを真に満たすためには、職位や職能を超えた人と人との「パートナーシップ」が企業文化の根底になければならないと主張する。パートナーシップとは、共通の目的に向かって共に働き、相手の利益やニーズに純粋な関心を持ち合う関係である。つまり、あなたが経営者や管理職である以前に、一人の人間として、上司・部下を含む同僚と正面から向き合い、相手を信頼し、自分と相手のために行動しているかということである。この「信頼」が根底になければ、一人一人の能力やスキルの足し算以上の何かを生み出すことはできないのだ。

本書には、この三要素にもとづいた人材マネジメントの要諦と具体的な施策、そしてパートナーシップ文化へ変革するためのステップが記されている。

本書が、経営者、管理職、人事担当者はもちろん、働くすべての人に、「何のために働くのか」「働く喜びのある職場とは何か」を改めて問い直していただくきっかけとなれば幸いである。そして国境をこえて社員に働く喜びを与える真のグローバル企業が、日本から生まれることを願ってやまない。

最後に、本書を翻訳する機会を作っていただいた英治出版の原田英治社長、出版プロデューサーの高野達成氏、編集協力の和田文夫氏、秦民之助氏、装丁の重原隆氏、そして弊社の経営陣と出版プロジェクトの責任者である矢野陽一朗に、この場をお借りして感謝の意を表したい。

二〇〇六年一月　スカイライト コンサルティング株式会社　マネジャー　藤竹　賢一郎

熱狂する社員

目次

1 社員の情熱が企業を動かす

2 情熱はどこから生まれるのか？

3 公平感を示す❶ 雇用保障

4 公平感を示す❷ 報酬

公平感を示す❸
敬意
5

達成感を与える❶
ビジョン

9 達成感を与える❹ フィードバック

10 連帯感を強める チームワーク

はじめに

その衝撃は、何ブロックにもわたってすべてのものを揺るがせた。ワールド・トレード・センターの二つのタワーが崩壊する過程で、ジェット燃料に充填された炎は、近隣のビルの窓という窓を粉々に砕いた。

二〇〇一年九月十一日、ワールド・ファイナンシャル・センターの三二階にあるバロンズ・マガジンのオフィスでも、コンピュータやオフィス・サプライが窓の外へ吹き飛ばされた。社員はなんとか無事にビルの外に出ることができたが、オフィスは瞬時に破壊され、改修に一年以上を要した。

だが、バロンズの社員は期日どおり雑誌を発行しようと、ふだんの職務にすぐに戻った。数カ月後、バロンズのエド・フィン編集主幹は当時を振り返ってこう語った。「オフィスがだめになった三日後には雑誌の完全版を発行した。テロをもってしても我々を止めることはできない」。発行中止など考えなかった。すべての社員にとって、問題は「どうやって成し遂げるか」

だった。

あの日、バロンズの社員が陥った困難な状況を体験してみたいとは誰も思わないだろう。しかし、彼らがやってのけたことは、誰もが称賛するはずだ。企業が社員に求めているのは、仕事、会社、同僚に対する彼らの「情熱」であることに、誰も異論はないだろう。

本書のテーマは、**情熱にあふれた社員**である。

不機嫌、非協力的、やたらと気を使う……。「問題のある」社員にもいろいろある。管理職なら、こうした社員の扱いに途方もない時間を費やしているはずだ。だが、現状はもっと深刻である。表面的にはわからなくとも、会社組織とその目的に無関心な社員が多いことのほうが問題だ。目に見えるトラブルなら、すぐに対処できる。しかし、「歩く無関心」は、もの言わぬ殺し屋である。彼らは「会社に期待しないかわりに、会社に与えすぎることもない」という知恵を身につけている。仕事への満足度は、良くて満足と不満足の境界線ぎりぎり、さもなければゼロ。その代わり、会社に提供するのは、彼らがもつ能力のほんの断片にすぎない。この宝の持ち腐れがビジネスに与える影響を、機会原価に換算すると計り知れないものがある。

企業は、この問題にどう取り組めばいいのか。社員の管理を強化して、プレッシャーをかけるのも一つの方法だが、さしたる効果は期待できず、事態を悪化させるだけだ。我々は、社員の無関心の原因をつかみ、正面から立ち向かう必要がある。そして、無関心な社員を情熱あふれる社員に変身させなければならない。

そのためには、**まず、社員が求めているものを理解し、それを与えなければならない。**

とりとめのない話に聞こえるかもしれないが、これが会社を繁栄に導くのだ。では、その根拠を考えてみよう。

1　社員の目指すゴールと会社の目指すゴールが真に対立することなどほとんどない。人とその人が属する組織の利害は本質的に相反するという説が一般的だが、それは考え違いである。本書は原点に立ち返り、このような誤解の原因を検証し、社員が本当に求めるものを理解するための新しいきっかけとしたい。課題とすべきは、社員にモチベーションを与えることではなく、社員が生来持っているモチベーションを維持し、経営者や管理職がそれを殺《そ》がないようにすることである。

2　社員には、仕事に対する人間としての基本的な欲求がある。経営者や管理職には、その欲求を満たすための権限と義務がある。欲求が満たされる環境を作れば、満足はもちろん、情熱を喚起できる。

職場における人間のモチベーションとは何か。その三つの構成要素とその意味を考察する。また、この三要素の向上に取り組んだ成功例も紹介する。

3　三つの要素を満たされ情熱にあふれた社員は、強力なリーダーシップのもとで長期的な真のゴールを目指す企業に、大きな競争優位をもたらす。

我々の論拠は、労働者の勤務態度が組織の効率に与える影響についての三〇年以上にわたる調査研究から抽出した数多くの実例である。一九九四年以降だけで、八九カ国、二三七社におよぶ民間企業、公的機関、非営利団体の二五〇万人の被雇用者を対象に調査を行った。ケース・スタディでデータを例証しながら、それが示すものを探り、実際の成果に結びつけたい。

蜜月の終わり

新しい職に就いた当初、人はあふれんばかりの意欲を見せる。新たな仕事に取り組むときに、仕事や組織に対して高揚感を覚え、チームの一員となるべく積極的になり、自分の評価に文句もないのはごく自然なことだ。全労働者の九五％については、このことが言える。

残りの五％の多くは仕事に対していわば「アレルギー」があり、本来なら雇用されるべき人物ではなかったかもしれない。経営者や管理職が、このような一部の社員の行状を全社員に一般化した結果、全社員にとって職場の雰囲気を重苦しいものにし、仕事に注ぎ込む生来の情熱を抑圧してしまっているケースがよく見られる。

こうした理由もあってか、通常約六カ月で、最初は情熱にあふれていた社員の大多数に何かが起こる。我々の調査対象の約九割の企業で、この「蜜月」期が終わると士気の低下が見られた。単に仕事に慣れたのではない。経営慣行の必然的な結果であり、経営者や管理職が彼らの情熱を殺いでいるのだ。

だが、約一割の企業では社員の情熱が維持されていた。この差はどこから生まれるのか。その答えが本書の主題である。

忠誠心は死んだのか？

「忠誠心は死んでしまった（Loyalty is dead.）」という新しい理論の支持者は、新しい経済構造は、生涯にわたって会社を「愛する」ことで成り立っていた昔の父親的温情主義には適さなくなったと言っている。「今やすべての人は、雇用関係が単なる商取引となった厳しい環境に身を置いている」というのが彼らの主張だ。

本当にそうだろうか。労使間の忠誠心が、まさに親子のような関係から生まれたものなら、確かに死んだと言っていいだろう。しかし、多くの労働者は子どもではなく、成熟し自立した大人である。また、商取引関係から得られるものは、通常一時的なものにすぎない。社員自身が消耗品のように扱われている状況下で、会社は社員に対して、ロイヤルティの高い顧客を育てるためのきめ細かい心配りを要求できるだろうか。コスト削減における短期的な成果のための常套手段だとしても、長期的にはあまり意味はない。

一方、組織心理学の近年の著述では、「社員のより高度な欲求」、つまり「自己実現」のようなものばかりがクローズアップされる傾向がある。しかし、そこでは、人は食べていくために働くという視点が抜け落ちている場合が多い。給与、諸手当、雇用保障を軽く見るのは根本的なまちがいだ。これら基本的なレベルの待遇で社員が不公平感を抱いたら、経営者や管理職が社員の高い士気を維持するためにできることはないに等しい。

「ニュー・エコノミー」派も似たようなまちがいを犯す。「オールド・エコノミー」に属する企業と中高年層に特徴的なものを軽視し、その対極にある無秩序と言っても過言ではないような組織を提唱している。急速に変化する事業環境で今日の労働者が求めるもの、企業の生き残りに必要なものは、究極的にはそれだというのだ。そんな話はばかげている。ハイテク企業が経営の原理原則を無視したせいで破綻した例は数え切れない。それに、社員のほうもそれほど変わってはいないはずだ。重箱の隅をつつくようなマネジメントには不満を持つだろうが、業種や年齢に関係なく、マネジメントの不在など誰も望んではいない。

社員の能力を引き出すパートナーシップ

そこで我々は、長期的な高業績を実現する手法として、温情主義でも商取引関係でもない、より効果的な第三の考え方を提案する。それは、**パートナーシップ**である。

パートナーシップ関係における忠誠心は、親子が互いに持っているようなものではない。パートナーシップとは、**共通の目的に向かって共に働き、相手の利益やニーズに純粋な関心を持ち合う**大人同士の契約である。また、ビジネス上の関係だけでなく人としての関係であり、信頼や善意であり、損得勘定や短絡的な考えを超えて人々の能力を引き出す関係である。

現実的あるいは理想的な労使関係を表現するのに、パートナーシップという言葉を使うことは、これまで少なかったようだ。しかし、高業績を上げている活気に満ちた企業の経営方針や経営慣行には、このパートナーシップが確実に根づいているのだ。

謝辞

我々の調査研究は、次の五人の「巨人」に負うところが大きい。ダグラス・マグレガー（「X理論・Y理論」パラダイム）、デイヴィッド・マクリランド（「達成欲求」と「親和欲求」）、アブラハム・マズロー（「欲求階層説」）、エルトン・メイヨー（職場における人間関係の重要性）、レンシス・リカート（組織システムと組織スタイル）である。[1★] 我々の調査における質問のほとんどは、この五人の考え方を基礎として、我々なりの解釈を加えたものだ。

本書では、数多くの現役の研究員の成果も参照させていただいた。なかでも、ジェフリー・プフェファー、エドワード・ローラー、ジェイムズ・コリンズおよびジェリー・ポラス、フレデリック・ライヒヘルド、ウェイン・カシオの方々は重要な役割を果たした。彼らの堅牢な研究、綿密な解釈は卓越していた。

1★Likert, R. *The Human Organization*. New York: McGraw Hill, 1967; Maslow, A. H. *Motivation and Personality*. New York: Harper and Row, 1954; Mayo, E. *The Human Problems of an Industrial Civilization*. New York: Macmillan, 1933; McClelland, D. C. *Personality*. New York: Dryden Press, 1951; McGregor, D. *The Human Side of Enterprise*. New York: McGraw Hill, 1960.

本書の構成

本書の構成はシンプルである。

第一章と第二章は、社員の士気と、その結果としてのパフォーマンスについて言及する。また、モチベーションの「三要素理論」というものを提唱する。社員の三大欲求の満足度が、彼らの情熱を喚起するのだ。

第三章から第十章では、その「三要素理論」を、社員の情熱の維持のために実施すべき具体的施策へ落とし込む方法を論じる。

第十一章と第十二章では、「パートナーシップ」文化を創り出すために必要なステップを具体的に示す。

巻末の付録Aは、すぐにでも現場で実施できるアンケートである。また、付録Bに、仕事そのものについての満足度の調査結果を示した。企業風土を変革するために、ぜひ活用していただきたい。

熱狂する社員

1 社員の情熱が企業を動かす

好況、不況を問わず、高い収益性と安定性につながる王道がある。
それは、社員の士気だ。

ハーブ・ケレハー●サウスウェスト・エアラインズ創業者

社員の情熱とビジネスの成功には、どういう関係があるのか。

我々が調査した企業には、注目に値する長期的な高業績を見せた企業が少なくない。スターバックス、インテュイット、アメリカン・エクスプレス、バンク・オブ・アメリカ、バロンズ・マガジン、メイヨ・クリニックなどである。特定の業種、所在地、ビジネス・モデルの特徴などを見ても、共通点はほとんどない。しかし、一つだけある。「社員の士気」だ。長期的に高業績を上げた企業の秘密はここにあると我々は考えている。社員の士気の高さは、仕事や会社に対する情熱を育む会社の経営方針・慣行の賜物である。

我々は、社員の士気のレベルを、大きく「情熱的」「満足」「中間」「怒り」の四段階に分類した。[1]★

1★情熱的：enthusiasm、満足：satisfaction、中間：neutrality、怒り：anger

一九七二年より社員満足度の調査をつづけた結果、企業によって著しい相違点がいくつかあったが、詳細を見る前に、まず「情熱的」の定義を説明したい。それは、会社への総合的満足度について、社員の七五％以上が満足し、不満を示すのが一〇％以下の会社である。この定義に基づくと、「情熱的」だと分類されたのは対象企業全体の一三・八％に過ぎなかった。

特に大企業の実体は複雑である。それぞれの企業は独自の文化や慣行をもち、士気のレベルもまったく違うが、内部的にもすべてが同じというわけではない。たとえば、高い士気を示した百単位の部署数を誇る巨大企業では、大部分の部署で満足度が高かったが、その変域は四一～一〇〇％だった。また、士気が最低だった企業でも、変域は三〇～六五％だった。このばらつきにはそれぞれの理由があるが、個々の管理職によるスタイルの違いが最も大きいと考えられる。

では、総合的な満足度の高い会社を「情熱的」と呼ぶのはなぜか。「満足度が高い」ではいけないのか。それは、ここまで高レベルになると、社員がふつうに満足している会社では見られない何かが起こるからである。

情熱にあふれた社員とは？

我々の調査用紙には、自由回答を求める質問がある。典型的な質問は、「今の会社で働いていて、一番良いことは何ですか？」というものだ。

情熱にあふれ、業績の高い企業は、統計データの内容が違うだけでなく、社員が自由回答欄に記入している言葉自体が違って見える。

情熱にあふれた会社の社員の声を聞いてみよう。

「我々は顧客志向だ。これは経営陣から第一線の我々に至るまで共通する会社の情熱そのものである。我々の目指す方向性を顧客も理解してくれているし、我々のサービスや配慮を大変評価してくれている」

「我々は一つのチームなんだ。仲間の意見には真剣に耳を傾ける。こういう職場は初めてだ。誰とコネがあるとか経歴ではなく、今何を知っているかが重要だ。思ったことはなんでもそのまま発言できるし、誰も公然と非難することもない。問題が起これば、腕まくりして解決に当たるだけだ」

次は、「あなた個人として、あるいは会社として、さらに改善の余地があるとしたら、それは何ですか?」という質問に対する彼らの回答例である。

「弁護士費用がかかりすぎだ。なぜ、社内に法務スタッフを持たず、外部の弁護士に高い金を払うのか。こういうことも考えて変えていけば、もっとコストを削減できる」

「やろうとしていることの全体像をわかりやすくしたほうがいい。上司たちは部分的に聞いてくることがある。すると、こっちはなぜそれが必要なのかという全体像がわからない。報告が上がっていく流れがわかるフローチャートがあればいい。そうすれば、パズルの組み合わせ方が誰でもわかる」

「社内の部署間の関係を改善すること。AグループとBグループのあいだに勢力争いがあるように思う。私のレベルだけの話かもしれないが、ここの人間関係とコミュニケーションを改善できれば、その効果は大きいと思う」

関心の矛先は個人ではなく、あくまで組織だった。不満を訴えるケースですら、会社へのコミットメントを表明しているのは、会社がもっと成長することを望んでいるからである。情熱あふれる社員なら当然、給与に対する関心も高い。次はその代表例だ。

「昇給と、他社を意識したオファーが欲しい」

「私の給与水準だと、業界平均を下回っている」

「給与水準を定期的に見直してほしい。でないと、人材が流出する」

問題は業界水準であって、社内の不公平感ではないことに注目してほしい。その主旨は、不当な賃金や経営陣の強欲への懸念ではない。昇給は、あくまで市場での競争力維持のために必要だということなのだ。

一方、ふつうの満足度を示す社員の場合は、同じように会社との関係や正しい評価に言及する傾向が認められるが、積極的な意欲や関わりはほとんどない。

「長い歴史のある会社なので雇用が安定しており、安心して働ける」

「上司は思いやりがあり、私を評価してくれている。家庭でちょっとした問題が起こったときも融通を利かせてくれる」

「誰でもミスはあるし、たまたまツイていない日があっても人類が滅亡するわけじゃないということはわかってくれているようだ」

次に、ふつうの満足度を示す会社の社員が改善を望む点についての回答例である。ここでは、会社への信頼感のない個人的なぼやきが見られる。

「今の職場は組織的とは言えない。スタッフの能力・経験にもばらつきがある。なぜそうなるのかを誰も説明してくれない。給与についても、なぜ人によってこんなに差があるのか説明がない」
「上司の姿を見ることは滅多にない。いつもオフィスに引きこもって、問題の起こったときしか出てこない。もっと顔を出してもいいと思う」

情熱にあふれた社員は、会社に没頭している。会社と自分を同一視している。だから、会社の成功・不成功は、その社員自身の成功・不成功なのだ。これは、企業業績が社員の収入や雇用に与える影響として割り切れる問題ではない。会社が社員の自己イメージの一部になり、企業の業績が一個人の業績のように感じられるのである。熱狂的なスポーツ・ファンがご贔屓チームの勝ち負けに一喜一憂するのと大差ない。「我がチーム」が「我が会社」に変わっただけのことだ。

また、そういう社員は、指示されなくても、いつでも要求されている以上の仕事をする。彼らは、仕事を適切な品質で達成する。上司の指示を待つのではなく、仕事を改善する道を自分で探す。同僚を鼓舞して高いパフォーマンスへ導き、手助けとなる方法を見つけてやる。変化を余儀なくされても、抵抗するのではなく進んで引き受ける。顧客など外部からの会社に対する高い評価を醸成するような、あるいは大きなビジネスの可能性をもたらすような施策を自ら実行する。

オフィス家具分野での成功と先進的な人事施策で評価の高いハーマン・ミラーの例で考えて

みよう。

アメリカン・エアラインズの国内本部が隣にオープンすると知って、オフィス家具会社、ハーマン・ミラーのダラス支店はその新事務所の家具一式を任せてもらえるように書面でいち早く営業攻勢をかけた。

その結果、大規模な受注を得たが、事務所オープンの前の週に納品物を検品した社員が、梱包していた木箱が椅子のクッションの毛足をつぶしていることに気づいた。生やさしい数ではない。そこで、彼らは二四時間体制の対策チームを組織し、週末返上でスチーム・アイロンで毛足を起毛させたのである。[1★]

ハーマン・ミラーのように、意欲満々の社員が会社や顧客に示した情熱を紹介した経営書は数多くある。フェデラル・エクスプレス創業者のフレデリック・スミスは、こんなことを言っている。

……ロッキー山脈のブリザードで山頂の無線中継局がダウンして、電話がつながらない営業所が何カ所かでてきた。電話会社によると、回線復旧に五日を要するとのことだった。そこで、ハル（同社の電気通信のエキスパート）は、自分のクレジット・カードでヘリをチャーターして現地へ飛んだ。着陸不能だったが、ハルはヘリから飛び降りて、腰まで

1★Goleman, D. *Working with Emotional Intelligence*. New York: Bantam Books. 1998, pp. 118–119.

ある雪のなかをラッセルしながら進み、回線を復旧した。上司の承認は得ていなかったが、行動あるのみだった。もちろん彼は自分の判断に確信を持っていた。[1]

情熱は、満足感とは違う。関心の高い社員は、不満を抱えた社員でもある。それでも、関心を払うのである。成功の原動力とは、会社（チーム）が負けていても、激しい変化や競争にさらされて現状が良くなくても、改善努力をやめないことである。自分と会社を同一視している人なら、たとえ企業の業績を称賛されても現状に満足しないのは当然だ。

情熱に関する論証を終える前に、情熱の対極にある「怒り」について考えてみよう。調査対象の約十六・四％が、敵意と言ってもいいくらいの高い不満度を示した。敵意と情熱はまったく違うものだが、共通点がある。両者とも、周囲を巻き込むほどモチベーションが高いのだ。したがって、両者は、ふつうの満足層とも中間層とも違う。

怒りの原因は、まず不公平感にある。情熱を持った人のモチベーションは要求されているものの先にあるのだが、怒りを抱えた人のモチベーションはまったく逆で、公式・非公式を問わず、自分と周囲を仕事から遠ざけることにある。つまり、会社に何かしら有害なものが彼らのモチベーションであり、それが不公平感を是正することになると信じている。経済的な問題に限らない。不公平感を持つ人は、自分が無能だとは思っておらず、自分の貢献能力を信じているはずだ。その怒りは、接客態度のレベルを下げ、他部署との協力関係を壊し、常習的欠勤、能率低下、窃盗を引き起こす。さらに、労働争議に発展したようなケースでは、暴力や会社の

1★Wylie, A. "How You Can Unleash the Power of Storytelling." *The Rostrum*. Feb. 2000; found at http://debate.uvm.edu/NFL/rostrumlib/WylieStory tellingFeb'00.pdf.

資産への破壊活動すらありうる。

なぜ情熱が高業績をもたらすのか？

数多くの企業を対象にした研究の結果は、社員の情熱と企業の業績に強い相関関係があることを示している。

ジェフリー・プフェファーは、社員に高い士気をもたらす施策で、企業の業績を三〇〜四〇％アップさせることが可能だと結論づけた。彼の研究範囲は広く、違う施策を採った企業の株式公開後の生存率調査や、各業界でその施策が利益や株価に与えた影響の研究が含まれる。たとえば、小規模製鉄業では、「コミットメント志向の手法で、一トンの鋼鉄生産にかかる作業時間が三四％減り、スクラップ発生率が六三％改善した」製鉄所がある。二〇〇社近い銀行を対象とした調査では、採用した施策の違いで、企業業績に約三〇％の差がでている。[2]

フォーチュン誌は、さまざまな企業ランキングを発表しているが、そのなかに、「世界で最も称賛される企業」と「最も働きがいのある企業ランキング一〇〇社」がある。この二つのランキングは、年を追って相関関係が強まってきている。たとえば二〇〇一年では、「称賛される企業」の上位十五社で、「働きがいのある企業」に顔を出している企業は九社である。

ビジネスが成功するかどうかは、社員の日々の仕事ぶりに大きく左右される。たとえば我々

2★Pfeffer, J. "*The Human Equation.*" Boston: Harvard Business School Press. 1998, pp. 31–56.

の調査では、情熱あふれる社員は、歩留まりを七五％改善させるなど仕事の質も向上させる。[1]また、我々を含む種々の調査結果で、社員満足度と顧客満足度および売上高には強い相関関係が認められる。[2]

これは本当だろうか。我々に言えるのは、「統計学的に、強い相関関係」である。ただし、その関係とは、士気が企業の業績に影響を与えるというよりは、企業の業績が士気に影響を与えるのかもしれない。なぜなら、高業績の企業は、社員に誇りや昇進に対する期待感を持たせるからだ。さらに、士気を押し上げる具体的なもの、たとえば昇給させることもできる。

では、士気は企業の業績に影響を与えるのだろうか。

人材パフォーマンス・モデル

我々は、これまでの優れた研究と思考を結集し、すべての重要な変数とそれらの相互作用を取り込んだ「人材パフォーマンス・モデル」を開発した。このモデルは、士気と企業の業績の関係は**互恵的**なものであると結論づけている。一方がもう一方の原因であり結果でもあるのだ。

このモデルは、フィードバック・ループ（循環）型の相関を持つ**システム**である。ビジネスの成功が生む士気は社員のパフォーマンスを伸ばし、社員のパフォーマンスが伸びればビジネスはさらに拡大することはあっても縮小することはない。それがまた、士気を維持・拡大するこ

1★これは、2003年にある大手金融機関のクレジット&リスク・グループ182カ所を対象としたシロタ・コンサルティングの未発表の調査結果を基にした。

2★Rucci, A. J., Kim, S. P., and Quinn, R. T. "The employee-customer-profit chain at Sears." *Harvard Business Review*. January-February 1998, pp. 82–97.

とになる。

　この相互作用の良い例が、顧客満足度と接客する社員の満足度とのあいだに見られる一貫した関係である。理論的にも経験的にも社員満足度は顧客満足度を向上させる。つまり、士気が企業の業績を押し上げるのだ。顧客が満足すれば社員の士気が上がる。社員にとっては、それが誇りだからだ。**図1**は、人材パフォーマンス・モデルを構成する最初の要素である。

　このモデルには、互恵的関係あるいはフィードバック・ループが幾度となく現れる。社員個人のパフォーマンスが企業の業績に作用するため、**図2**では、最初の人材パフォーマンス・モデルに企業の業績を追加した。企業の業績は、社員の士気にも好影響を与えるはずだ。

　次に、このチャートに経営慣行を盛り込む。本書では基本的に、経営者や管理職による日々の経営慣行が、社員の士気にどんな影響を与えるか、それは企業の業績にどうつながるかについて論証している。しかし経営慣行は、社員のパフォーマンスに直接的にも作用する。チームワークを重んじる企業が高業績を上げるのは、仕事のほとんどが共同作業によってパフォーマンスを押し上げられるからであり、またチームワークにより連帯感が満たされ、社員のモチベーションや情熱といった「スピリット」が高まるからだ。これにより、社員のパフォーマンスはさらに上がり、企業の業績も上がる。そして「社員の士気と

図1　人材パフォーマンス・モデル（社員の士気とパフォーマンス）

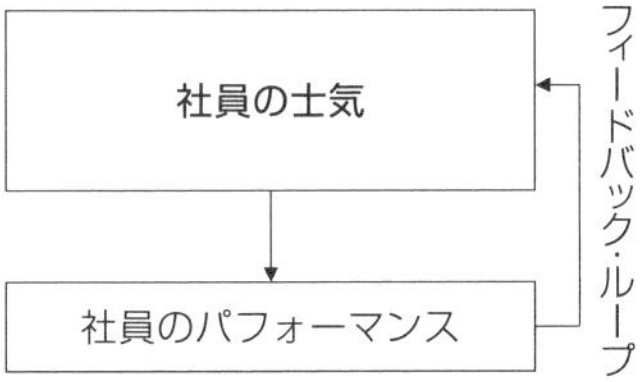

図2　企業の業績を追加した、人材パフォーマンス・モデル

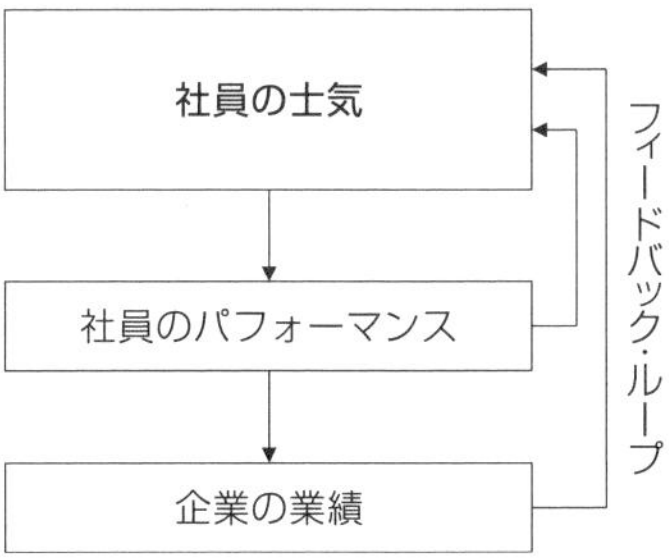

企業の業績」のフィードバック・ループにより、士気がさらに上がる。**図3**では、人材パフォーマンス・モデルに経営慣行を追加した。

　このモデルにおいて、経営慣行は最も重要であり、社員の士気とパフォーマンスに大きく作用する。

　さらに、いろいろな要素を取り込んでみよう。日々社員に影響を与える経営慣行と、企業全体の方向性や文化を築くリーダーシップを区別して考えよう。

　日々の経営慣行と同様、経営陣のリーダーシップも社員のパフォーマンスへ直接・間接の影響を与える。経営陣は、事業戦略を決定する。本書では、社員の士気とパフォーマンスに絞っているが、それだけでビジネスの成功が決まるわけではない。予測困難な事業環境もそうだが、経営陣、特にCEOの能力と事業戦略の堅実性は、成功のための大きな要素である。事業戦略の堅実性は、ビジネスの成功を社員の士気とパフォーマンスにフィードバックすることで、企業の業績をさらに増幅させるのである。

　リーダーシップの威力は、企業文化を決定づけることでさら

図3　経営慣行を追加した、人材パフォーマンス・モデル

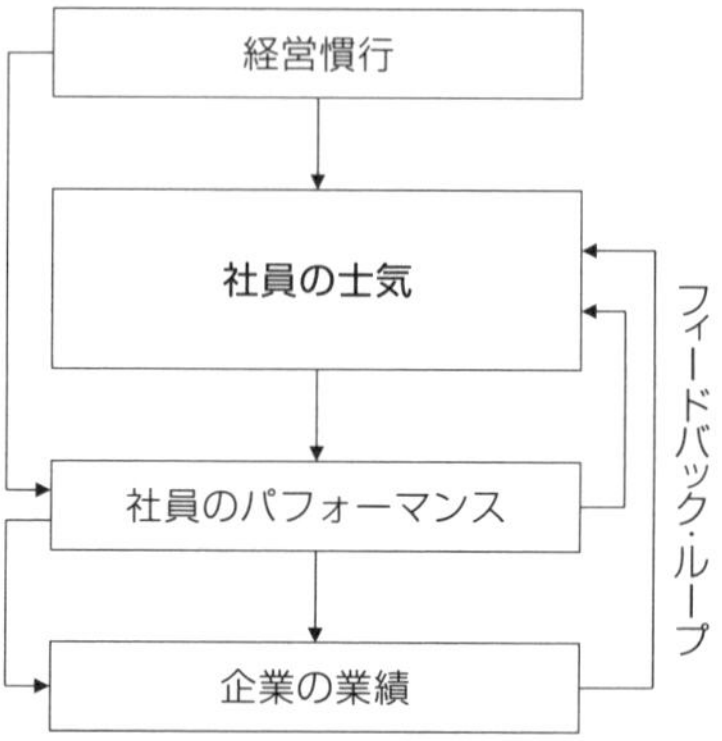

図4　リーダーシップを追加した、人材パフォーマンス・モデル

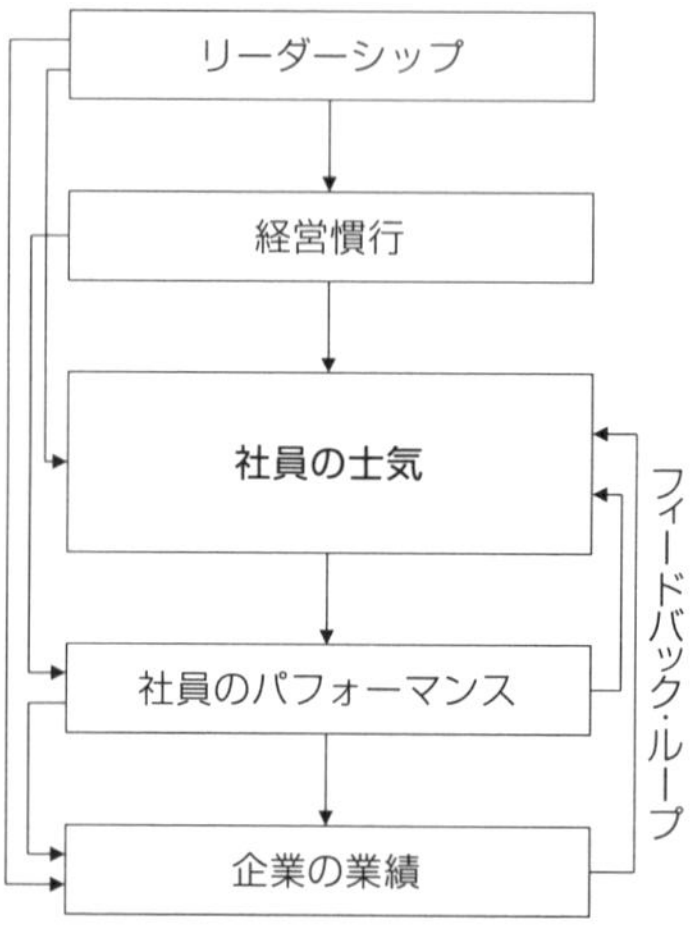

に拡大される。社員重視の度合いが管理職によって異なることはありえるが、たいてい経営陣の傾向と一致している。経営陣が社員を軽んじる企業では、社員を軽視する管理職の割合は跳ね上がる。**図4**では、人材パフォーマンス・モデルにリーダーシップを追加した。

また、顧客なしに企業は存在しない。顧客の満足度や購買行動と、社員の士気と人材パフォーマンスとの関係を示す研究は、今まで数多くなされてきた。人材パフォーマンス・モデルに顧客満足度と顧客の行動を盛り込んだのが**図5**である。顧客満足度もまた、フィードバック・ループの一翼をなす。顧客満足度は社員の士気を鼓舞し、社員の士気が顧客満足度を上げるのである。複雑に見えるかもしれないが、これが無駄なものを削ぎ落とした人材パフォーマンス・モデルの最終形だ。要点は次のとおりである。

1 社員の士気は、ビジネスの成功にとって非常に重要である。

2 社員の士気は、組織の方向性とリーダーシップが反映される日々の経営慣行による一つの関数である。

図5 人材パフォーマンス・モデル（最終形）

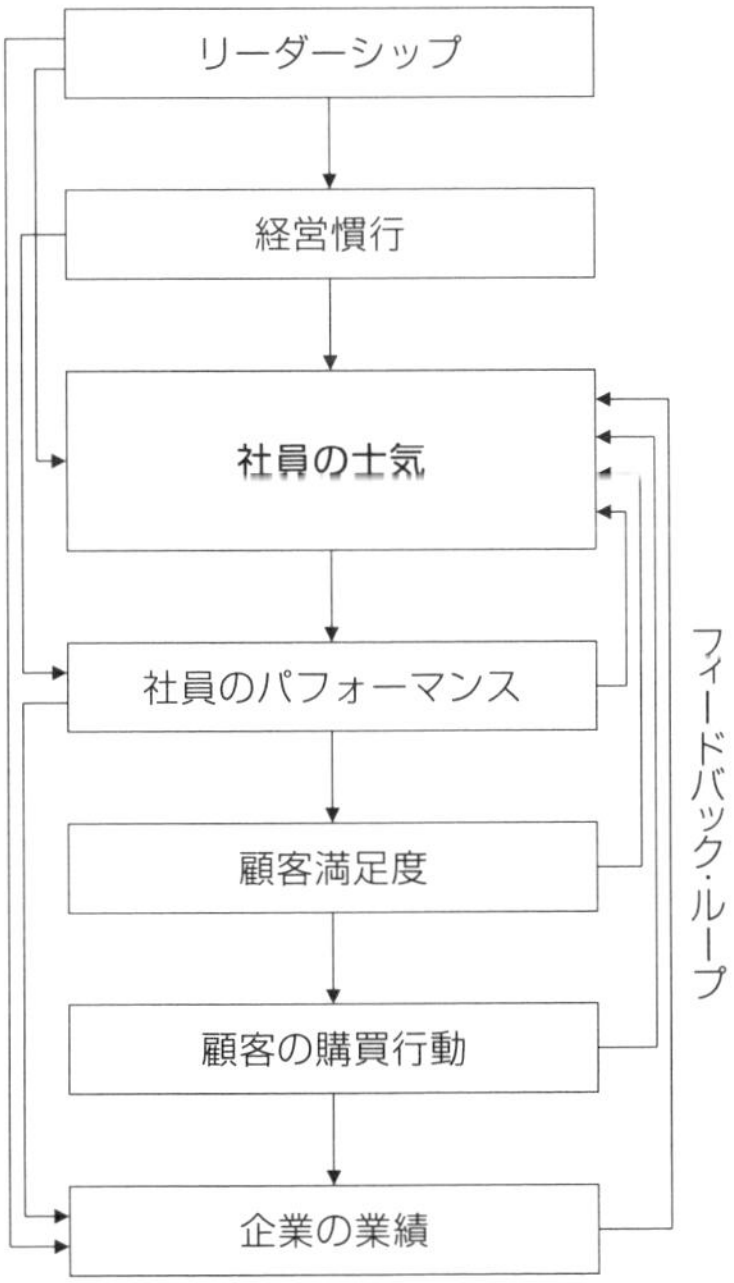

3　フィードバック・ループにより、成功がさらなる成功をもたらす。個人と組織のパフォーマンスが上がれば社員の士気は向上し、それがまたパフォーマンスを維持・向上させる。

4　日々の経営慣行は、社員の士気を高めるうえで最も重要である。

事業戦略の策定といった経営陣の能力が、個人のパフォーマンスやビジネスの成功に重大な影響を直接与えると述べたが、企業戦略（製品、市場、プライシング、合併、買収など）の有効性（または、その欠如）について、経営学者やジャーナリストの発言には際限がない。しかし、真のリーダーなら、戦略の正当性だけが重要ではないことを理解しているはずだ。長期的な戦略の実現には、その実行にあたってあらゆるレベルの社員を臨戦態勢に置くことが必要である。

「皆を率いようというときに、振り返って誰も後ろにいなかったらと思うと、ぞっとする」――フランクリン・D・ルーズベルト

では、社員の士気や情熱はどこから生まれるのか。

次の章では、社員のモチベーションの構成要素を論じる。

2 情熱はどこから生まれるのか？

人材は必要とされるところに集まり、ふさわしい処遇を受けるところに留まる。それは人為的には操作できない。自然にそうなるのである。

ウォルター・リストン●シティコープ／シティバンク前会長

重要な経営方針が有効に機能するかどうかは、人のモチベーションをどれだけ正確に把握できるかにかかっている。では、社員のモチベーションを正しく理解するために必要なものは何か。それは知識や経験ではなく、**体系的な研究**である。調査研究は、個人的な先入観や一時的な流行を排し、見たいと願う事実に偏ることなく、目の前にある事実だけに目を向けさせる。

この分野の理論が抱える問題は、次のようなものだ。

●社員の士気とパフォーマンスを支える**核となる**モチベーションとして、**一つ**の欲求だけに焦点を当てている。

●その一つの欲求に関して大多数が不満を抱いており、それを解消すれば問題はすべて解決すると主張している。

●問題の原因を、過去に例のない「新世代」の労働者の特徴であると結論づけるケースが多い。

我々の研究結果を概観する前に、流行のマネジメント理論の例をいくつか見ておくのも無駄ではないだろう。

若者は、やる気がないのか？

大手を振ってまかり通っている理論によれば、労働者はつねに変化を欲している。その原因は、旧世代とは別のニーズや欲求を持った「新世代」の労働者が突然変異的に現れたからだという。

世代間ギャップは読み物としては面白いし、ビジネス系のメディアも確かに歓迎している。たとえば、ジェネレーションXは個人の自由を重視し、会社への忠誠心は薄いという見解が定着している。タイム誌のあるコラムニストは、この世代を「会社組織の階段を駆けのぼるよりは、ヒマラヤでのヒッチハイクを好む」[1★]と一言で看破した。

しかも世代交替論は、答えとしては一見正しいように見える。ある年代に達すると、人は「新しい世代」を見て「世界はどうなってしまうのか」という不安を口にしがちだ。新世代は「我々と違う」だけでなく、「彼らの年齢だった頃の我々とも違う」のである。この議論には永久に結論が出ない。

だが、ファッションや音楽の好みのように見た目に明らかな事実と、職に就いた際の彼らの根本的なゴールとを混同していることのほうがもっと重大である。この傾向は、七〇年代初頭に最も顕著となった。ＴＶの特別番組や新聞報道は新世代の労働力にスポットライトをあて、若年層は仕事に大きな不満を抱いていると報道した。さらに、昔は切実な問題だった給与や手当、勤務時間、労働条件は、今の労働者にとって最優先ではなくなってしまい、仕事の性格そのものが、「新しい」労働者を注意散漫にさせていると結論づけた。六〇年代には「三〇歳以上」の大人の物質主義的な価値観に対する反逆が拡大し、自由と自己実現が人生のゴールとなったが、彼らはその産物と目され、決まりきった退屈な仕事の繰り返しを嫌うと考えられた。

当時の労働者と仕事に対する関心は、米国保健教育福祉省がまとめた一九七三年の『アメリカにおける労働（*Work in America*）』に詳しく記されている。この報告書では、仕事が若年層の労働者に与える大きなマイナス影響についてこう述べている。

1★Gross, D. M. and Scott, S. "Proceeding waution." *Time*. July 16, 1990, pp. 56–62.

窮屈に閉じ込められ人間性を奪われた労働者の不平不満は、低生産性、常習的欠勤の増加、非合法のストライキ、労働者のサボタージュ、製品の品質低下、課せられた職務への消極性を生む。労働問題は肉体的・精神的健康を減退させ、平穏な家庭を壊し、地域社会との一体感を殺ぎ、政治的姿勢から「バランス」を奪う原因となる。仕事への不満増大は、最悪の場合、薬物濫用やアルコール中毒、フラストレーションに起因する攻撃性、職務怠慢や社会的義務の不履行につながる。[1★]

もちろん、職場、社会、個人における多くの弊害の原因がたった一つであるなら、治療法もたった一つで済む。『アメリカにおける労働』では、その万能薬とは「仕事の充実化[2★]」という魔術だった。

「仕事の充実化」という幻想

フレデリック・ハーズバーグの「動機づけ・衛生理論[3★]」によれば、仕事の充実化とは、仕事の真の達成を目指して再活性化する試みであり、それが真の満足感とモチベーションを生み出すとされている。簡単に言うと、仕事そのもの、つまりいったん始めたら最後までやりきるということが、労働者にとって真のモチベーションなのだ。給与、手当、人間関係などの職場環境という「衛生」要素が適正であれば一時的には不満を抑えることはできるが、労働者の本質

1★O'Toole. J., et. al. "*Work in America: Report of a Special Task Force to the Secretary of Health, Education, and Welfare.*" Cambridge, USA: MIT Press, 1973, pp. xv–xvi.

2★job enrichment：通常は「職務充実」と訳されるが、本書では、ハーバード・ビジネス・レビュー2003年4月の記事『モチベーションとは何か』（フレデリック・ハーズバーグ著）における、「充実を図る」意味での「仕事の充実化」という訳語に倣った。

3★二要因理論とも呼ばれる。

的なモチベーションをプラス方向に導くことはできない。したがって、真のモチベーションと満足感の持続には、仕事の充実化、すなわち彼らに達成感を与えられる仕事を体系化することが必要だという。[4]

だが、動機づけ・衛生理論と仕事の充実化への取り組みは、七〇年代にマネジメント思考とマネジメント教育において大きく普及したのちに消えていった。理由の一つには、周囲の環境すべてに起因する問題を解決する万能薬というもの自体、非現実的だったからだ。実際、どの労働組合も、もっと有意義な仕事を求めるような要求をしてこなかったし、組合幹部は、仕事内容に対する不満の大合唱に加わることには消極的だった。

仕事の充実化に対する懐疑論は、一九七二年にオハイオ州ローズタウンのGMの完全自動化組立工場で起こった社員ストライキをきっかけに、さらに強まった。このストは、非人間的な組立作業が原因であると広く考えられてきたが、実像はメディアや学識経験者のあいだで言われている姿とは大きく異なっていた。

六〇年代にローズタウンに建設されたこの工場は、乗用車「ヴェガ」の組み立て工場で、国内の小型車市場を侵食する外国企業に対抗する使命を帯びていた。一九六六年には、社員は約七〇〇〇人に達し、一億ドルを投じて高度なロボット技術を導入していた。採用した社員は若くて教育レベルも高く、六〇年代の精神風土の産物と言われた労働者層である。見た目には長髪の人間も多く、文字どおりの「新世代」だった。GMはその後、生産台数を毎時六〇台（毎分一台）から毎時一〇〇台（三九秒ごとに一台）へ上げるため、いろいろな能率向上策を採用した。

4★Herzberg, F., Mausner, B., and Snyderman, B. *The Motivation to Work*. New York: Wiley, 1959.

だが、社員数は増やさず、代わりに一人当たりの作業手順を減らしたのである。要は、作業のスピードアップを要求したのだ。その結果、ついていけない社員は脱落していくこととなった。

そのスピードが限界を超えたとき、結果はまさに悪夢だった。社員は、車両を素通りさせ、お互いが休憩時間を捻出できるように、短時間だが内密に他人の担当作業を肩代わりして互いをいたわった。常習的欠勤は増加し、それに対して厳格な職務規程が課せられ、作業現場に昔からあった不文律を踏みにじる結果となった。

労働者側がストの挙に出たのは、仕事自体が非人間的になったからではなく、会社側のスピードアップの要求が合理的に見ても達成不可能なレベルだったからだ。

社員の欲求は一つではない

我々の調査では、仕事そのものに対する満足度の平均は七六%だった。つまり、調査対象の全労働者の平均七六%が、仕事が楽しいと答えているのである。平均七六%という満足度は満場一致とは言えないが、労働者は本質的に何らかの不満を持ち、仕事そのものに「人間性を奪われている」という見方にはそぐわない。

また、満足度は、業種や職種を問わず高かった。業種別に満足度の数字が高いのは、ヘルスケアや病院で働く人の七九%だったが、低いほうでも石油・ガス産業の七一%で、それほど変わりはない。また、全業種を通じて、管理職のほうが非管理職よりも数字は高く（平均で八三％と七四％）、次いで非管理職の専門職（エンジニア、会計士、販売員など）、非専門職（事務職など）、時間給労働者（多くは工場労働者）の順となったが、最も低い時間給労働者でも七二％が仕事に満足している。つまり、どの集団でも仕事の満足度は高いのである。これは皆さんの予測とは大きく異なっているにちがいない。

また、年長者に比べて仕事に幻滅している若年層が多い、あるいは少ないという結果は出なかった。調査で対象者に年齢を聞くことはまずないが、勤続年数は把握している。人種別や性別、出身国別の差異もゼロに近い。

では、労働者によってモチベーションに差が出るのはなぜか。企業によって社員のパフォーマンスに差が出るのはなぜか。このギャップはどこからくるのか。

まず、社員から見て**唯一最大**のモチベーションが何かを突き止めようとするのは時間の無駄である。社員の「最大の」欲求は**一つではない**からだ。「とにかくお金」や「そのためならすべてを犠牲にできる」のように一つのものだけを追い求めるのは、心理学的には病気である。

モチベーションの三要素

人が仕事をするうえでの三つのゴールを、我々はここに宣言する。それは、**公平感**、**達成感**、

連帯感だ[1]。これを**仕事のモチベーションにおける三要素理論**として提唱し、次の主張を行う。

1 この三つは、労働者の欲求を代表するものである。

2 労働者にとって、この三つを超えるゴールは存在しない。

3 この三つは、我々の知るかぎり普遍的なものである。時代や文化、少なくとも経済的な社会における文化に左右されるものではない。

4 これらを理解し、そのための経営方針・慣行を確立することで、社員の高い士気と企業の高業績を実現できる。この三つの欲求と企業側のニーズに衝突が起きることはない。

注意……我々が絞り込んでいるのはあくまで「仕事」における人のゴールである。人生の意味は、仕事だけではないはずだ。したがってこの理論は、人のすべての営みにわたるモチベーションを意味するものではない。

組立ラインの労働者であろうと研究者であろうと、職業には無関係だ。地域性、性別、人種、年齢も関係ない。どんな分類をしようと、人は職場では仕事に誇りを持ちたいはずである。また、自分の努力に応分の賃金がほしいし、雇用を確保したいはずだ。また、同僚が協調してくれるかどうかも大変重要である。こうした人が働くうえでの基本的欲求やその欲求が満たされたときに彼らが見せる情熱、そして満たされなかったときの落胆から目を背けることはできない。では、仕事における社員の三つの欲求とそれぞれの満足度を説明しよう。

1★公平感：equity、達成感：achievement、連帯感：camaraderie

❶ 公平感

基本的な雇用条件は、会社内の地位やパフォーマンスには関係なく、一般社会の倫理基準や地域社会の規範によって定義されている。基本条件とは、次のとおりである。

- ●生理的条件……安全な職場環境や肉体的・精神的に健康を害さない程度の仕事の負荷、正当に快適な労働条件など。
- ●経済的条件……正当な雇用保障や満足できる報酬、諸手当など。
- ●心理的条件……個人の尊厳を重んじた接し方、本人と家族への正当な便宜的措置、信頼性と一貫性のあるマネジメント、苦情を申し立てる公正な機会など。

「企業目標の達成に向けた社員の自発的な協力」を得るには、彼らが自分たちに対する会社側の姿勢や振る舞いに対して、本質的な公平感を持つことが不可欠である。

「正当な」という言葉を何度も使ったのは、社員は世間の現実とかけ離れた完全無欠を求めているわけではないからだ。たとえば、雇用保障の欲求は終身雇用制を想定していない。彼らとて、資本主義社会でそんな保証は本質的に存在しないことくらい理解している。しかし、彼ら自身や同僚を、会社側が差し迫った必要のない、たとえば収益目標を達成し終わったときや、コスト削減努力もせず万策尽きていない段階でリストラすれば話は別だ。そのリストラが、適切な事前通告、経済的な支援や再就職斡旋もなく無神経に実施されるなら、彼らの怒りは増幅する。社員が怒るのは、彼らが考えている公正さへの基本的な配慮よりも、リストラ発表で即座に株価の上昇が見込めるといった会社側の短期的な利益追求が優先されたときである。

同じように、報酬を考えてみよう。「社員は自分の給与に満足することは永久にない」という一般の認識は誤りである。給与に関する満足度調査の平均値は、満足が四六％で不満が二三％だった（残りは中間派）。給与の満足度は全体で見ると評価の低い部類だが、ネガティブな反応とは言えないだろう。

我々の調査では、正当な報酬と一般に考えられているものは、同業他社の給与の情報や、貢献度に応じた給与と会社の収益性との関係といった、多くの変数から成る関数である。これらの調査結果が意味するものは、会社側が給与政策に公平性を追求するのか、それとも社員から最後の一セントまで搾り取ろうとしているかという姿勢の問題だ。なにも大盤振る舞いすることが「公平」なのではない。社員は他の条件が均等なら、「能力」給に抵抗はないし、たとえわずかでも他社の給与より多ければ満足度は**非常に**高い。諸手当でも同様の判断が可能だ。ただし、次のような譲れない一線が存在する。

●**安全性**……身体や生命の危険が予想される職場では、当然のことながら安全性への完璧主義が求められる。

●**尊厳**……人は、責任能力を持った成人として扱われることを望んでいる。しかし、社員の大半は、厳しい監視下に置かれ、有言無言を問わず成果を強要され、職場の「規則」への服従を強いられているのが現実である。これは、一般の労働者に対する先入観、たとえば、「彼らは無責任だ」といった見方に起因している。またそれ自体が、「経営者や管理職は社員に期待する最低限のものしか入手できない」という皮肉な結果を招いている。

●**マネジメントの信頼性**……自分に大きな影響を及ぼす人間の言葉を信頼したいと願うことは、子どもから大人に至るまで、人間としての基本的な欲求の一つである。労働者の不満の主な原因の一つに、重要にもかかわらず不十分で矛盾した情報しか得られない、もしくは、そもそも得られる情報がまったくないことがあげられる。情報の欠落は、会社側が情報公開を意図的に避けているためだと社員が受け取れば、疑心暗鬼を生むだろう。これでは労使関係に悪影響を与えることは避けられない。

表1をご覧いただきたい。この表は、我々の過去の全調査を通じて、各質問に満足と答えた割合の平均値と最小値、最大値を示している。

表1　公平性に関する満足度の平均値と変域（1994〜2003年）

質問項目	平均値	最小値	最大値
	変域（%）		
安全性	79	33	94
敬意と尊厳を持った接し方	67	32	91
上司の人間関係構築能力	66	35	82
諸手当制度	65	12	97
職場環境	62	24	94
雇用保証	60	6	90
仕事の負荷	58	17	77
福利厚生	52	5	98
重要事項の伝達	52	10	80
経営陣の言行一致	51	37	70
給与	46	16	69
えこひいき（がないこと）	43	21	70

我々の調査では、平均満足度の最も高かったのは「仕事の安全性」の七九％、逆に最も低かったのは「えこひいき」を防止する組織に向けた取り組みの四三％である。大きな幅が見られ、労働者は仕事への満足度を個々の要素別にはっきり区別していることがわかる。

数値の幅には、企業によって大きな差異が見られるが、これは大変重要だ。経営者の意思決定やそのアクションは、企業によって大きく異なる。だからこそ、社員の反応も大きく異なるのだ。[1★]

❷ 達成感

自分と帰属する組織が達成したことに誇りを持つことへの執着が、高いパフォーマンスに向けた行動を促進する。そしてその誇りは、社員自身の達成感と、周囲からの評価の両方から生まれる。

人間は基本的に、自分の待遇に高望みはしておらず、自分の成果に満足感が得られるなら努力を惜しまない。正反対の事象が見られるとしたら、それは異例なケースか、経営者や管理職が社員のモチベーションを殺いできた結果である。

我々の分析では、達成感は以下の六項目から生まれる。

1★公平性についての研究は、ある組織心理学の研究グループが「組織の公平性」の名称のもとに実施しており、我々よりも詳細に、公平性のさまざまな形態について対比している。しかし、労働者と彼らの会社への貢献に公平性がきわめて重要であるという点で一致している。この研究については、Colquitt, J. A., Conlon, D. E., Wesson, M. J., Porter, C., and Yee Ng, K. "Justice at the Millennium: A Meta-Analytic Review of 25 Years of Organizational Justice Research." *Journal of Applied Psychology*. 86, 2001, pp. 425–445. を参照。

●**仕事自体のやりがい**……その仕事が社員に求める知性、能力、スキルの範囲

●**新しいスキルの習得**

●**業務遂行能力**……高いパフォーマンスを発揮するために必要な研修、作業指示、資源、権限、情報、協力関係があること

●**仕事の重要性**……所属組織、顧客、社会にとっての重要性

●**パフォーマンスの評価**……金銭面（報酬と昇進）や非金銭面（上司や顧客からの感謝の言葉など）の評価

●**誇りをもって働ける会社**……企業の目的、製品（品質および顧客と社会に与える影響）、業績、企業倫理（顧客、社員、投資家、地域社会に対する姿勢）、高度なリーダーシップ

公平感と同様、達成感に関してもさまざまな状況が見えてくる。達成感に関する満足度の調査結果を次頁の**表2**に示す。概して、会社の全体的な特徴（製品・サービスの品質、会社の収益性や倫理性など）と、その対極にある身近な職場環境（仕事そのもの、上司の専門スキルなど）の両方について、社員の評価は高い。評価が低いのは、いわゆるミドル層の効率性（官僚主義、マネジメントの指揮監督の一貫性、時間と労力の無駄のなさなど）で、個人のパフォーマンスに連動した報酬についても同様に低かった。

表2　達成感に関する満足度の平均値と変域（1994～2003年）

質問項目	平均値	変域（%）	
		最小値	最大値
明確な目標	84	7	95
製品・サービスの品質	80	16	100
上司の専門スキル	78	38	91
仕事そのもの	76	52	95
組織としての誇り	74	48	96
会社の収益性	72	13	97
企業倫理	67	11	100
仕事に必要な機器類	64	23	94
仕事に必要な情報	62	29	88
研修	57	9	83
会社全体の管理の効率性	57	24	92
社員重視の姿勢	57	40	73
パフォーマンスへのフィードバック	53	21	79
良い仕事に対する評価	51	16	86
円滑な意思決定	49	30	85
全員参加型の環境	44	21	81
時間と労力の無駄のなさ	44	24	71
マネジメントの指揮監督の一貫性	43	25	65
責任追及より問題解決	41	16	69
パフォーマンスに連動した報酬	40	5	91
官僚主義がないこと	39	12	72
称賛と批判のバランス	38	11	71

❸ 連帯感

人間とは社会的な動物である。他者との前向きな相互作用は、単なる満足以上に、精神的な健康にとって欠かせない。ところが企業は、一つの**コミュニティ**として、メンバーの社会的・感情的な欲求を満たせるような組織づくりを疎かにしがちである。

先に述べた「今の会社で働いていて、一番良いことは何ですか？」という自由回答の質問で最も多い回答は、一緒に働く仲間に関するものである。同僚の存在が大きく、自分の部署内でお互いにうまく仕事を進めていく人が多いからだろう。その一方で、他部署との関係についての前向きなコメントはかなり少ない。こういうコメントは、社員に一番いやなことを聞いたときの回答によく見られた。

●今の会社で働いていて、一番良いこと（不動産会社の社員のケース）

「このチームはみんな、思考力の高い人ばかり。友好的で、つねに改善と助け合いを怠らない。全員楽しく働いている」

●今の会社で働いていて、一番いやなこと（銀行の情報システム部門の社員のケース）

「一番腹が立つのは、うちで面倒を見ている部署がこっちの事情や人手不足をまったくわかっていないことだ。何もかも希望どおりにはいかないのに、お構いなしだ。おまけにこっちにクレームをつけてきたときも、うちの担当副社長ときたら言いなりだった」

連帯感というコンセプトは、公平感や達成感よりわかりやすい。したがって、我々の調査での連帯感に関する質問は、**表3**に示したように比較的少ない。最も満足度が高い項目は、「同僚との人間関係」だった。

しかし、会社によってかなりのばらつきがあり、相手との距離が近いことが必ずしも満足感につながらないし、遠いからといって不満を持つわけではないようだ。

以上が、社員の大多数が目指す三つのゴールである。我々の理論が適用できない極端なケースを除いて、管理職には、仕事における人のモチベーションに関するこれ以上の知識は不要だと、我々は考えている。

なお、この三要素はお互いに代用が利かない絶対的なものである。たとえば、仕事の内容を充実させても、給与面の満足度は上がらない。給与の不満の改善には、給与を上げるしかない。同様に、仕事の退屈感を改善するには、仕事を再編成するか、もっと興味の持てる仕事へ異動させるしかない。給与を上げれば済む問題ではない。各ゴールは、個々に解決するしかなく、万能薬など存在しないのだ。

社員にとって良い会社とは、公平感、達成感、連帯感の三要素**すべて**の満足度が高い会社で

表3　連帯感に関する満足度の平均値と変域（1994〜2003年）

質問項目	平均値	最小値	最大値
同僚との人間関係	83	37	97
部署内のチームワーク	73	51	93
関係部署間のチームワーク	51	23	89
会社全体のチームワーク	49	5	88

ある。そうでないかぎり、「良い」会社とは言えない。そして三要素すべてが満たされたとき、社員と会社とのあいだには、他には見られない化学反応が起こる。それが、「情熱」なのだ。

ただし、公平感の持つ、他の二要素にはない特別な意味に注意してほしい。三要素とも重要なのはもちろんだが、より徹底的に分析すると、公平感が必要最低条件だということがわかる。つまり、公平感に満足していないケースでは、他の二要素が士気に与える影響は比較的小さい。反面、他の二要素に満足していなくとも、公平感が満たされていればそのほうが影響力は大きいのだ。

社員が根本的なレベルで不公平感を持っている環境では、たとえ会社がやりがいのある仕事（「達成感」への対応として）を与えても、彼らのやる気を喚起するのは難しいということを、教訓として申し上げておきたい。

誰もが望む三つのゴール

三つのゴールは、労働者の八五～九〇％に適用できる。全員と言っても過言ではない。また、人口統計学的なグループ、職業、国籍による大きな違いもない。差異が出るとしたら、欲求を満たしてくれる**もの**の違いが大きいということだ。目標とする条件や事柄が違うからである。例をいくつか見てみよう。

●**仕事そのもの**……労働者というものは、仕事に誇りを持ちたいのだ。誇りはどこから生まれるかと言うと、たとえば、自分の考えやスキルが仕事の役に立ったという実感であり、言い換えれば、仕事上のことを自分で判断できる権限でもある。たとえばエンジニアは、機械オペレーターよりも大きな権限を持つ。だが、**権限の大小はあっても、仕事の自主性について本人が感じる満足度は変わらないと言っていいだろう。**機械オペレーターはエンジニアと同じ権限など望んでいない。しかし、オートメーション工程の一部分と見なされることも望んではいない。つまり、**その仕事や自分のスキル**にとって価値ある判断を自分で下したいからこそ、応分の権限が欲しいのである。人は「思考力を持った人間」として扱われることを望んでいる。しかし、その基準は明らかに各々で違うのだ。

●**雇用保障**……労働者の多くは、ビジネスの世界が大きく転換したことをよく理解しているが、だからといって雇用保障の欲求が消えてしまったわけではない。つまり、**雇用に関する公平感の判定基準自体が変わったのである。**たとえば、リストラを行うにしても、それが究極的な最後の手段として断行されたかどうかという点では、企業によって大きく事情は異なる。

●**休暇**……文化的な面での違いでわかりやすい例と言えば、ヨーロッパと米国の労働者の休暇に対する考え方だろう。一般に、ヨーロッパのほうが休暇は長い。新入社員ですら、最低でも一カ月である。確かに、休暇の持つ文化的な意義やその経済効果の違いは大きいが、個々の歴史の流れや社会の趨勢にしたがって、国ごとに休暇日数などの労働慣行も別々の進化を遂げてきたのである。これは、何をもって「公平」とするかという主観的な基準の問題であり、我々の三要素の提唱を覆すものではない。

したがって、人口統計学的グループ、職業、文化による違いがないと言っているわけではないし、その違いなど取るに足らないとも言っていない。根本的な部分は変わらないが、それをどう満たすかを知るには、特定の労働者層の欲求を知る必要があるということだ。

また、「労働者（または社員）」という単一的な表現を繰り返しているが、欲求の程度には個人差がある。社会的な目的意識が高い人、公平感をより重視する人、仕事より仕事以外のことで充足感を求める人など、さまざまだろう。また、何かにつけて不公平感を問題にする部下がいるかと思えば、まったく無頓着な部下もいるというのが職場の現実だ。この両極端の層は労働者人口全体の約一二〜一五％と我々は見ている。

では、このパーセンテージはどうやって算出したのか。一般論ではあるが、会社への総合的な満足度を調査すると、八五％超の最高レベルを示した企業でも、六〜八％の不満層を抱えている。この何割かは絶対的な不満層というわけではない。現在の職位・職分が自分に合わないことや、上司への不満、もちろん根本的な部分で仕事に情熱がないということも考えられる。

どんな職場であっても、基本的に前向きになれない気難しい労働者層が、どうしても存在するのは事実だ。経験からの推測ではあるが、この層は全体の約五%と我々は見ている。逆に、非常に士気の低い企業でも、一二～一五%が満足していると答えている。職場環境がどんなに悪くても、つねに前向きな人は存在する。並大抵のことでは、彼らは不満を持たないし怒らない。この層は平均的な労働者全体の約七～一〇%と見ている。

我々の理論では、彼らはどちらかと言えば対象外である。なぜなら、彼らの満足感（または不満感）は、経営者や管理職のアクションが原因とは言えないからだ。

「達成感」のケースで具体的に考えてみよう。人には仕事そのものと、仕事の誇りに対する情熱があると主張してきた。しかし、とにかく働きたくない、仕事「アレルギー」の人間がいるのも事実である。彼らは、**現実に今**やる気がないのだ。解雇まで含めた懲戒的措置が彼らを変える唯一の方法だろう。

片や絶対的な満足層は、モチベーションを**下げる**事自体が不可能、つまり仕事中毒なのだ。彼らはどんな障害があっても乗り越えるし、乗り越えるためにまた働く。つまり障害があることを楽しんでいる。彼らにとっても、我々がここで議論しているモチベーションの問題自体がナンセンスなのである。

同様の例は、公平感でも連帯感でも見られる。不公平感を四六時中感じる人がいる一方で、経営者や管理職に対して不公平感を持ったことがない人もいる。また、社会的な人間関係を重視しない、または嫌う孤立癖の持ち主もいれば、人間関係がすべての人もいる。

もちろん管理職としては、極端な層にも目配りは必要だし、相手に応じて接し方を合わせるのが職責である。しかし、多くの企業もしくは管理職が、この極端な層が全体であるかのように誤解していることが大きな問題なのである。社員の仕事やその成果に対する情熱をごく自然なこととしてではなく、例外的なものとして受けとめている。そして、孤立層の問題が起こるとそれに対する管理システムや監督手法が全社員に適用され、自発的な情熱をもって働く大多数のモチベーションを下げる結果となっているのだ。

社員の気持ちはいつも同じ

人のモチベーションの必要条件は、時を経て変わることはほとんどないと言ってきた。大きな変化が見られるとしたら、それは労働者のゴールが変化したのではなく、経営者や管理職のアクションが変わり、そのせいで結果も変わったということである。

八〇年代終わりから九〇年代に行われた企業の人員削減で見られたとおり、社員を使い捨て商品のように扱ったらどうなるか。彼らは「忠臣」どころではなくなるだろう。なぜなら、大半の人は誇りを保てる職場、自分を大切にしてくれる職場と一体感を持ちたいからである。ビジネスのためのその場しのぎの「人手」としか見ない会社に対して、忠誠心を持つなどというのは不合理だろう。

我々の主張は、別に難しいことではない。三要素に関する詳細は次章以降で述べるが、それ彼らも決して複雑ではない。あるいは、良識ある経営者に備わっている原理原則ともいえる。彼らは、社員の圧倒的多数が仕事に求めるものは会社の目的に反するどころか、むしろサポートするものだということを悟ったのだ。三要素を満たすことは、どんな立場の人にとっても、実り多い結果をもたらすだろう。

3 公平感を示す

❶雇用保障

第三～五章では、公平感（雇用主の根本的な正当性を労働者がどこまで信頼しているか）というコンセプトを使って、社員の情熱を促す経営方針と経営慣行を探る。公平感は、基本的かつ一般的な社会規範に基づく、集団としての労働者の待遇と関わっている。社会規範とは、「最低限の生活を送れるだけの賃金」、医療保険など賃金以外の適正な手当、リストラ（人員解雇）に関する適切な処置、職場の安全性、無理のない仕事の負荷、雇用機会の均等性などである。

このうち本章のテーマは、労働者の最も根源的な欲求、「雇用保障」である。

社員は消耗品か？

まず断っておくが、終身雇用制を目指すわけではない。それは、どんな企業でも不可能なはずだ。しかし、企業が社員に情熱を求めるのであれば、彼らが「消耗品」ではないという理解が不可欠となる。

社員は、一般的に雇用保障をどう考えているのか。我々の調査での満足度の平均は六〇％と悪くはないが、変域は六〜九〇％と幅が大きすぎる。

もちろん、数字が最低レベルなのは、リストラを実施または計画を発表した企業や、人員削減計画の噂が絶えない企業である。たとえば、最近大規模な人員削減計画が完了した企業や、売上高に周期的な大きな波があるために人員削減と増員を繰り返している企業だ。

雇用縮小が経済的な必要に迫られてのことなら、なぜそれが社員には理解できないのか。景気変動に対応する手段としては決して珍しくないことや、市場環境も予測がなかなか難しいということが、なぜ彼らにはわからないのか。

それは、社員がリストラを企業経営上の慎重な判断としてではなく、根本的に不公平な扱いと受け取っているからである。ではなぜ、そう受け取るのか。答えは二つある。本質的な公平感（事象自体が公平であるか）と手続きの公平感（実施プロセスが公平であるか）である。まず、前者を考えてみよう。

アラン・スローンは一九九六年のニューズウィーク誌の記事で、新しい時代の精神をこう形容している。

二五年前には、新しい工場建設と良き企業市民と見なされることが社会で胸を張る資格だったが、今やこの国の企業文化では解雇が流行になってしまった。企業の根幹をなす社員、特にホワイトカラー層を解雇する……。金融業界や大企業は、人を人とも思わぬ資本主義こそが偉大なるアメリカであるとの点で、完全に歩調を合わせているのだ。[1★]

経営のこの新しい考え方のもとでは、**高業績でも**リストラ実施がありうる。九〇年代初頭、業績が良いにもかかわらず人員削減を実施した大企業が数社あった。一九九三年にニューヨーク・タイムズはこう伝えている。「高業績がつづいているにもかかわらず、ゼロックスは向こう三年間で生産性向上を目指し、社員の約一〇%を削減すると発表した」。ゼロックスは大量の社員を解雇することで事業効率を上げ、さらなる拡大を目指したのだ。この計画の発表当日、同社の株価は約七%跳ね上がった。社員は、スローンが形容し、ゼロックスが実行したようなことにどう反応するだろうか。我々の質問に書かれたコメントを見てみよう。

「この会社で最も士気を損ねているものは、度重なるリストラである。もはや社風と言っていい。業績の悪い年でも利益を上げる必要はあるから必要だと思うかもしれない。

1★Sloan A. "Jobs–The Hit Men." *Newsweek. 127*, no. 9, February 26, 1996, p. 44.

でも、社員の不信感や精神的ストレスで失うものも大きいはずだ。選択の余地がなかったのはわかるが、本当に別の道がなかったのかと疑問に思う」

「経営陣は、何百万ドルもの報酬を手にしながら、まだ足りずにリストラを行う。こんな会社に忠誠心を感じるほうがおかしい」

人が不公平感を持つと、企業に大きなマイナス影響を与える。もう少し、彼らのコメントを見てみよう。

「リストラが日常的に行われているなかで、どうして成長や向上など期待できるだろう？　若手として言わせてもらうと、ここには可能性はないに等しい。だから、他社に転職することに決め、もうすぐここを去ることにした」（結果→「頭脳流出」）

「今日ここにいた人が明日にはクビという状態で、忠誠心など存在するはずがない。一生懸命働く意味がない。明日放り出されないようにするだけだ」

（結果→努力・パフォーマンスの減退）

「社員が最大の資産」と企業が永久に唱えつづけても、いざ業績が悪化した状況下で、真っ先に社員の解雇に手をつけては意味がない。業績が良いのにリストラに踏み切るケースは、さらに悪い。また、社員が財務上の必要性に納得していたとしても、やり方が稚拙なら不公平と受け取られる。もう一度、生の声に戻ろう。

「他の会社に比べたら、継子扱いだ！　出社して、仕事して、夜になったら帰る、いろいろ考えながら……。社員が今度のリストラをどう乗り切るか、会社はまったくわかっていない。解雇したいなら、一度にすべて実行すべきだ。早く片づけて、これが最後だ、なんて嘘くさい約束もやめてもらいたい。また同じことをやるに違いないから、今回助かった人も安心はできない。やるべきことを、早くやってほしい」

解雇の事前通告は、大きな問題だ。二〇〇一年にバブルが崩壊したときのドットコム企業における恐怖の証言を見てみよう。

- 地元のホテルを会場に、十五分間のミーティングがある旨の電子メールが社員の二割に送られた。彼らはそこで解雇を通告された。社屋からは締め出され、私物整理のために入館するのにアポを取らなければならなかった。
- 大会議室に社員が六〇人集められ、そのうち四〇人がその場で解雇を通告された。
- 休暇から戻ると、自分のチームの場所がそっくり別のチームに入れ替わっていた。三〇分後に管理職から解雇を通告された。

雇用保障に対する会社の姿勢は、社員の目から見たその会社の性格をはっきり物語る。なぜなら、リストラの実施は経済的な効果の他に、会社が社員をどう見ているか、資産なのかコストなのかについての、社員にとって見逃せないメッセージなのである。

今日の米国企業は、経済的事情に迫られた最終的決断としてではなく、経営戦術の一環として人員削減を利用するという誤った方向を選択し自滅している。その結果、社員の基本的欲求を侵害し、生産性の高い組織に欠かせない公平感を大きく損なっているのである。

今日の労働者の雇用保障への意識は変質していると反論する向きもある。九〇年代半ばに社会に参画した「新世代」は転職に抵抗がなく、したがって雇用保障の優先順位は低いというのだ。彼らによれば、「新しい労働者」が求めるのは、「能力アップ」と「自己実現」できる環境、すなわち転職する際に新しい仕事に就くのに必要なスキルを身につけられる環境というわけだ。

しかし、どこであろうと仕事を見つけるのは簡単ではない。九〇年代の彼らが関心を持っていないのは一般的な意味における雇用保障ではなく、**一つの会社にずっと留まる**ことである。雇用の選択肢が豊富だった九〇年代の終わりなら、すぐに仕事が見つかるので、一つの会社に固執することはなかった。しかし、二〇〇〇年の末には風向きが変わり、国全体の景気がここ一〇年来で初めて下降線を辿った。リストラがあとを絶たず、メディアには職場における不安感の物語が溢れ返った。調査によれば、雇用保障が労働者の関心事ランキングでつねに上位を占め、たとえば電気通信産業では、社員が雇用主に求めるものとして第一位だった。[1★] 雇用保障

1★ TeleCareers.netの情報通信産業の労働者を対象とした2001年オンライン調査および2001年10月9日閲覧のwww.broadbandweek.com/newsdirect/0110/di rect011009.htm.

（金額ではなく、継続的に給与が支給されること）は、時代を問わず、労働者にとって非常に重要なのだ。他企業を横目に、人員削減を**やらない**という決断も同じように重要である。そんな企業も現実には存在する。スローンらが人を人とも思わぬと形容した資本主義は支配的だったが、それ一色に染まっていたわけでもない。その哲学は次の二人の成功したCEOの言葉に表れている。

「もちろん、社員を減らそうと思えばできた。しかし、会社の将来も捨てることになる。第一に、残った社員のモチベーションを下げる。第二に、社員はまちがいなく忠誠心を失う。第三に、優秀な人間が残ったとしても、もう長くはつづかない。彼らは職を探しはじめるだろう。そして不確実性が増し、リスクをとれなくなってしまう」

――ウォルフガング・シュミット（ラバーメイドCEO、業績が下降線を辿った際のコメントより）

「全員の雇用確保がつねに頭にあった。なぜなら、社員として採用したときから、借金があるかもしれないし、養う家族がいるはずだとずっと思いつづけているからだ。暮らしのために一歩ずつ前に進む人たちだ。その人たちの足を引っ張るなんて、私にとっては恥辱以外のなにものでもない」

――ジャック・スタック（スプリングフィールド・リマニュファクチャリング・コーポレーションCEO）

ここに表明されたポリシーは、単なる人道主義ではない。**ビジネスとして最良のものである。**

確かにリストラは、短期的には企業の株価にカンフル剤の役目をしばしば果たした。しかし、長期的には事情はまったく変わってくる。**今では、企業のコスト削減戦略としての人員削減の効力を疑う証拠には事欠かない。**人員削減後の三年間または五年間で、生産性が向上し利益を伸ばした企業は全体の三分の一にすぎない。さらに株価は、リストラ実施以前を**下回っている**のである。九〇年代半ばの調査では、実施企業の株価のパフォーマンスは、リストラ発表後の半年間はスタンダード&プアーズの株価指数をわずかに上回っていたが、その後低下に転じ、三年目の末には二四％減で終わっている。[1★] また、ある研究では、人員を一〇％削減した企業のコスト削減効果は、平均でわずか一・五％に終わっている。[2★]

人員削減した企業では、なぜこのような結果しか出ないのか。ＭＩＴのレスター・サローはこう書いている。「リストラは痛みを伴うし、代償も大きい。避けられるなら避けるべき理由がいろいろある。解雇手当も必要だ。将来の研修コストも上がる。リストラを実施した会社で、高スキルの社員が再雇用を期待して、業績が回復するまでじっと待っているはずなどないのだ。残った社員にも士気の問題が起こる。リストラのあとで社員の協力が最も必要なときに、自発的に自分を犠牲にして会社を助けようとする社員などほとんどいないだろう[3★]」

人を人とも思わぬ資本主義とは対照的に、経営方針としてリストラを最小限に抑えることで成功を収めた企業を見てみよう。

●サウスウエスト・エアラインズは、同時多発テロが起こった二〇〇一年九月十一日以降も

1★Cascio, W. F. "Downsizing: What Do We Know? What Lessons Have We Learned?" *Academy of Management Executive.* 7, no. 1, 1993, p. 95-104; Lehrer, S., "Effectively Coping with Downsizing." *The Government Accountants Journal.* December 1997, p. 12-13; Cascio, W. F., Young, C. E., Morris, J. R. "Financial consequences of employment-change decisions in major U.S. corporations." *Academy of Management Journal. 40,* no. 5, 1997, pp. 1175–1189; Hitt, M., Keats, B., Harback, H., Nixon, R. "Rightsizing: Building and Maintaining Strategic Leadership and Long-Term Competitiveness." *Organizational Dynamics. 23,* no. 2, 1994, pp. 18–32.

含め、過去に一度もリストラを行っていない。ジェイムズ・F・パーカーCEOは、こう述べた。「雇用を守るためなら、たとえ株価が下がろうが多少の代価は甘んじて受ける」[4]

●フェデラル・エクスプレスを貫くのは、「社員は最も重要な資産」という原理だ。それは「社員、サービス、利益（People, Service, Profit）」という基本理念にも表れている。「社員」が最初にあるのは、良いビジネスはまず社員から生まれると考えているからである。それは言葉だけではない。CEOが決断するような究極的な状況を除いて、リストラを行わないことに明確にコミットしつづけている。

●クリーブランドの製造業、リンカーン・エレクトリックは、一〇〇年以上にわたり業績を伸ばしつづけているとともに革新的な経営を実践することで、経営学の世界でも有名だ。もちろんそのなかには雇用保障も含まれている。前会長のジェイムズ・F・リンカーンはこう書いている。「社員にとって最大の不安とは、収入がなくなることだ。経営者は会社の収入源を絶たない努力をしなければならないが、社員も同じ思いであることを、経営者はともすれば忘れがちだ[5]」

●業界では収益性で群を抜く有数の鉄鋼メーカー、ニューコアは、過去にただの一度もリストラを行っていない。同社の文化の育ての親であるケン・アイバーソン前CEOはこう書いている。「業界全体が雇用削減に走ったとしても、リストラや工場閉鎖に頼らず

2★Mishra, K. E., Spreitzer, G. M., and Mishra, A. K. "Preserving Employee Morale During Downsizing." *Sloan Management Review*. Winter 1998, pp. 83–85.

3★Thurow, L. *USA Today*. March 21, 2001, p. 15A.

4★Parker, J. "Where Layoffs Are a Last Resort." BusinessWeek Online, Oct. 8, 2001.

5★Sharplin, A. D. "The Lincoln Electric Company." Northeast Louisiana University, Lake Charles, Louisiana. 1981, p. 4.

痛みを分かち合えば、困難な時期も乗り切れる。我々がリストラを行わないことは特に注目すべきことでもない。利他主義からでも温情主義からでもない。会社としての方針ですらないのだ。明文化したわけでもなく、会社の生死に関わるときにはリストラを決断すると社員には言いつづけてきた。問題は、リストラが実効的かつやむをえないと考えられる時期がいつなのかということだ。長期的に勝ち抜くためには、忠誠心とモチベーションの高い社員が必要だ。経営陣が自分の懐は暖めつつ社員をリストラしておきながら、彼らに忠誠心やモチベーションなど期待できるだろうか[1★]」

ここで強調したいのは、企業はリストラしてはならないということではない。短期的な対策は確かに必要だ。考え込んでいるあいだに手遅れになる場合だってある。真の問題は、会社側が短期的な経済効果と社員におよぶ影響の両方を考慮しながら決定しているかどうかを、社員たちは判断しているという点だ。直近四半期の収益と株価さえ良ければ、他はすべてどうなってもいいのかということである。

フォーチュン誌は、「最も働きがいのある企業ランキング一〇〇社」の二〇〇二年度報告で、第一位となった証券仲介会社、エドワード・ジョーンズの企業哲学を紹介している。「エドワード・ジョーンズは、株式市場の停滞のあおりをまともに受けて賞与をカットしたが、二万五〇〇〇人の社員のうち、誰一人解雇しなかった。ジョン・ブキャナンCEOによれば、同社では、社員が自発的にもう一歩先に進むような関係を作り上げてきた。状況が厳しいからとい

1★Iverson, K. and Varian, T. "*Plain Talk: Lessons from a Business Maverick.*" New York: John Wiley & Sons, Inc., 1997.のIverson, K. "How Nucor Works." *New Steel.* November 1997 (newsteel.com) から抜粋。

って、解雇などできるはずがないというのだ」

フォーチュン誌はさらにつづける。「賃金カット、仕事量の削減、新規採用の凍結では不十分で、解雇といった大鉈《おおなた》を振るわざるをえないケースもあるだろう。だからリストラが現実のものとなっても、寛大な姿勢と配慮を示した企業に対して、我々は評価する。第十五位のシスコは、解雇後に社会福祉機関でボランティア活動に参加した社員には、在職時の年間給与の三分の一を支給すると決定し、少なからぬ善意を集めた。同社は諸手当も全額支給、新規雇用を再開した場合の優先権も約束した[2★]」

また同報告は、アジレント・テクノロジーズが急激な売上低下と余剰人員にどう対処したかについても紹介している。同社は主に電気通信会社を顧客とする集積回路、電子部品、計測機器を扱うシリコンバレー企業である。アジレントがその暗黒時代に行ったのは、言うなれば「賃金カットと八〇〇〇人のリストラを断行してなお、社員に愛される方法」である。ジョークではない。アジレントは過去一貫してリストラを避ける努力をつづけてきたが、不可避と判断した際にその衝撃を和らげようとしたのだ。

フォーチュン誌のアジレント物語は、リストラの対象となったチェリル・ウェイズという社員の話で幕を開ける。

ウェイズの最後の日々の過ごし方には驚く。彼女は退職直前の日々をどう過ごしたのか。会社で職務経歴書を書くのでも、ＰＣのキーボードから「(アジレントの)Ａ」のキーを

2★Levering, R. and Moskowitz, M. "Best Companies to Work For: The Best in the Worst of Times." *Fortune. 145*, no. 3, February 4, 2002, p. 72.

引き抜くことでもない。とにかく猛烈に、毎日長時間、集中して働き、過去五年間で最高の生産性を見せたのだ。彼女にそうさせたものは何か。アジレントは死刑を待つ一万人規模の社員から、どうやってそんなパフォーマンスとエネルギーを絞り出せたのか。その答えは、ブームが終わって組織のスリム化にもがいているすべての企業にとっても教訓となる……。人員削減を避けるため、聖母マリアへの祈りが捧げられ、経営陣は電子メールとミーティングで何度も議論を繰り返し、最終的に大規模なリストラを発表したＣＥＯの声には疲れが伺えた。解雇の三カ月後に、彼女は会社の上層部についてこう語った。「仕事とは言え、今回のようなことを決断する立場の方は気の毒だったと思う」。また、残った同僚に対しては、「これは私からの贈り物。私が去るのが最善の方法でした」。経営陣の努力は、彼女に見られたような気持ちを社員のなかに生み出したのだ。

献身という点において、これ以上の例があるだろうか。この計り知れない価値、景気の良し悪しに左右されることのない価値に疑念を抱く人がいるだろうか。社員とは結局のところ、彼らが高レベルの意欲とパフォーマンスを生み出そうとしていることに無関心な管理職には報いることはないのだ。雇用保障に関する経営慣行は、社員が持つ基本的な欲求の中核をなす。

では、これまでの経営慣行を、企業が厳守すべき五つの基本原則に沿って、もう少し体系的に説明しよう。

原則❶ リストラに至るまでに、代替策をつくす

リストラを防ぐ代替策として、次の三つが考えられる。

1 余剰人員に有意義な仕事を与える。

- 新規採用の凍結による自然減で創出された職務を余剰人員で埋める、または埋めるための研修を行う
- 臨時社員の活用を停止、または厳しく制限することで創出された職務を余剰人員に割り振る
- 外部委託していた業務を内製に切り替える
- 従来は断っていた利益率の低い注文を受注する
- 保守管理のような業務に社員を振り向ける
- 作業負荷の増加を懸念して先送りしていたトレーニングを実施する
- 需要創出のために、社員を営業職に振り向ける
- 在庫の棚卸しを実施する

余剰人員が一つの領域に集中している場合は対処しやすい。売上が伸びて人手不足になっている領域に配置転換が可能だからだ。社内の人材であればすでにスキルを持ち、持っていなく

ても教育できる点では、新規雇用よりは望ましい。

2　人件費以外のコストを抑える。

- 購買活動の効率アップと資源（原材料など）の有効利用
- 設備投資の繰り延べ
- 出張旅費の削減
- 新聞購読や休日のパーティなどの雑費削減
- 株主配当の削減

3　人件費を抑える。

- 基幹業務の作業工程を大幅に見直し、労働生産性を向上させる
- 残業の停止もしくは削減
- 昇給の凍結
- 役員報酬のカット
- 賞与支給の一時停止
- 週間労働時間の短縮
- 無給休暇
- 欠勤時の賃金カット
- 諸手当における会社負担比率の引き下げ

●クライアントや仕入先など、他社への一時的出向

リストラ回避の対策は、社員の士気にポジティブな効果があるが、それに付随する効果も少なくない。たとえば、リストラ回避を目指す経営方針は、組織計画に厳正さを求めることになり、仕事量の計画や人員配置には、いっそうの慎重さが必要になる。新規雇用に関しても、いっそうの目的意識や慎重な採用手順が求められる。こうした方針を持つ企業は、選考過程で採用基準が厳しくなり、より精選された労働力を確保できる。

これらの企業は、概して働きがいのある職場として世評も高いため、平均的な企業よりも潜在的な労働者のプールが大きい。また、社員研修やフォローアップも平均的な企業より充実しており、社員の柔軟性にもプラス・アルファが見込める。社内での昇進の可能性も高いはずだ。このように経営方針と経営慣行が相互に補強しあえば、社員を真に価値ある資産と見なす会社の方向性を具現化できる。

なかでも、小さな反射材メーカー、リフレクサイトのリストラ回避策は、最も印象的だ。同社の「企業の社会的責任」にはこう記されている。

> 当社は、事業が横ばいか下降線をたどりはじめた状況から脱却する際の不確実性に対処するため、「事業衰退時のコンティンジェンシー・プラン」[1★]をまとめた。この計画では、その緊急度を四段階に分けて、それぞれの状況の徴候や実施すべきアクションと

1★非常事態計画

予想される結果について、概略を設定している。たとえば、「売上が予算を下回ったが前年度の同期は上回っている」第一段階では、「予算化されていた新規雇用の一部と事業計画の一部を繰り延べ」、「現況の認識を高め」、「スタッフ・ミーティングで議論し、「経済情勢を監視する」。中間段階では、生産性向上とコスト削減の具体策の提案を求め、残業削減、新商品投入の前倒し、一時帰休の希望者募集、優先度の低い設備投資の繰り延べ、昇給繰り延べ、労働時間の削減を呼びかけている。最悪の状況、つまり「四半期ベースで二期連続の損失を計上」した第四段階では、「給与支給の繰り延べと管理職・専門職の削減」、「諸手当制度の見直し」、「早期退職制度」、「希望退職制度」、そして最後にリストラを規定している。[1]

原則❷ リストラが不可避のときは、まず希望退職者を募集する

原則❶でも万策尽きて強制的リストラに踏み切る前に、希望退職制度と早期退職制度の二つのどちらかを通じて、自発的に退職してくれる希望者を募る。この場合は、一時金と適用範囲を拡大した健康保険やその他諸手当といった金銭的なインセンティブを提示する。再就職の斡旋も不可欠だ。これらは、会社が必要とする削減数を確保するうえで有効である。

なぜ有効かというと、大半の社員にとっては断るには惜しい募集だからである。定年間近の

1★Business for Social Responsibility (www.bsr.org). Issue Brief: Downsizing: Layoffs/Closings (last updated October 2001).

人にとっては早めの退職がしやすくなり、その他の人には新しいキャリアの一つのチャンスとなる。また、これに応じなかった社員は、会社側の予定人数に希望者が達しなかった場合に、強制的リストラの対象になる可能性があるのだ。

希望者を募ったうえでの人員削減は多くの場合、会社にとっても社員にとっても双方丸く収まってきた。マイナス面としては、会社にとって短期的には強制的リストラよりお金も時間もかかる。また、会社が本当に必要としている有能な社員を失うかもしれない。募集する以前に、会社への希望を失っていることも考えられるからだ。こういう社員に会社が評価を与え慰留することに力を注ぐのも、人員削減を成功裏に終える企業の特徴でもある。

原則❸ 寛大で、道徳にかなうやり方でリストラを行う

最良の会社は、強制的リストラを余儀なくされた場合に、退職者をサポートすると同時に、残る社員の士気の低下を最小限に食い止める努力をする。アジレント・テクノロジーズで見てきたとおり、適切に実行すれば、会社と社員との絆はかえって強まる。

そのためには、金銭援助、再就職斡旋、コミュニケーションの三つが必要である。最良の会社は、社員に対して手厚い金銭援助と再就職斡旋を実施する。低賃金労働者の退職手当は通常、勤続年数あたり週給の一～二週間分だが、月給の一カ月分を支給する企業すらある。さらに、

医療・歯科保険の適用範囲も拡大している。再就職斡旋は徐々に一般的になってきたが、さらに退職時の給付金の税金対策など資産運用の相談を受け付けたり、再就職に備えた研修・教育費用や会社設立用の資金援助にまで至る。社員の再就職を積極的に支援しているのだ。また、業績が上向いて再雇用するときには、リストラ対象者に優先権を保証している。

細目が何であれ、基本的な考え方は実にシンプルだ。社員を支援することで、リストラの衝撃を何とか緩和したいという会社の姿勢を明らかにすることである。口先だけでなく、お金を出して行動で裏づけなければならない。リストラ回避のための努力を目に見える形で真摯に行えば、その姿勢は去る人、残る人両方の士気に大きな影響を与えるのである。

原則④ リストラに至るプロセスのすべての情報を開示する

最良の会社は、社員が知りたいことだけを知らせるという通常の判断基準に固執しない。この「ニード・トゥ・ノウ」の原則[1★]は、対象となる人数の規模を考えれば明らかにまちがいだ。この原則は「知らせずに済むなら、可能なかぎり知らせない」というものであり、敵対者から情報を秘匿する場合には適切だ。しかし、自分のクビが危機に瀕している社員、またはその可能性がある社員は、敵ではない。このような状況下では、「明らかな機密事項でないかぎり、社員の利益になると思われることはすべて知らせる」ことが大切だ。

1★need to know：「情報は知る必要のある人だけに伝え、知る必要のない人には伝えない」という原則。

これは正しいのだろうか。リストラという事態に陥った段階で社員の情熱を持ち出すのは、自己矛盾ではないか。もちろん、リストラされたがる人などいない。ここで言いたいのは、残るにせよ去るにせよ、社員の会社に対して抱く印象である。人は現実的だ。社員とて、景気循環や企業業績の波くらいはわかっているはずだ。

繰り返しになるが、「経営陣は、社員のことを真剣に考えて意思決定を行っているか」。もしそうなら、たとえ痛みを伴う時期であっても、アジレントの例に見られたように、社員は会社を高く評価するだろう。「九・一一」の余波で社員の五分の一のリストラを断行したコンチネンタル・エアラインズの例を考えてみよう。ヒューストンのラジオ局KPRCは、以下のように伝えた。

ヒューストンに本社を置くコンチネンタル・エアラインズの何千という社員は、出社すると自分の名前が一時解雇者名簿に載っているのを目のあたりにしました。彼らはその日のうちに私物を整理した箱を抱えて会社をあとにしました。市内の繁華街にある本社オフィスでは、そこかしこで仲間と別れを惜しむ光景が見られました。

「私をリストラ対象者に選んだのは、直属の上司でした。良い人ですよ。自分の心配より、彼女が気の毒で。十五年の付き合いで家族同然だったのに解雇だなんて、つらい決断だったでしょうから」と解雇されたトロイ・カーティスは話しました。

「今回去ることにはなったが、戻るつもりだ。今までの職場ではここが一番だから、必ず戻ってくる。会社は必ず立ち直って、呼び戻してくれる」と解雇されたある社員は話しています。[1★]

次のことは、余剰人員を抱えそうな時期から、社員に伝えるべきである。

- 事業環境の現況と将来の見通し。
- その状況を乗り切るための会社のビジョンと戦略。新商品開発、売上に応じたインセンティブ、生産性向上のための作業工程の見直しなど。
- コスト削減策の提案募集など、社員側で協力できることの一覧。
- 事業環境が社員に将来もたらす可能性のある影響と、その緩和策。
- 会社ができる範囲で、社員全体および個人が最大限に期待できること。

さらに、次のガイドラインにも従うべきである。

- 情報伝達は、マネジメントの全レベル、特に経営陣と管理職を通じて行う。社員は、経営陣の主体的な関わりを高く評価する。管理職は、より細かい質問や事柄に対応する。したがって管理職は、平時からこの種のミーティングの進め方について研修を受けておく。

1★KPRCの番組放送による。Click2Houston.com. "Thousands Furloughed at Continental Airlines–International Layoffs Still to Come." Posted: 1:13 P.M. CDT, September 21, 2001. Updated: 6:44 P.M. CDT, September 21, 2001参照。

●さらに、社内報などの会社の公式メディアで、そのミーティングの内容をフォローする。ただし、ミーティングを実施せずにそれで代用してはならない。

●ミーティングは、あくまで社員が関心を示し、質疑を行い、提案をする場とする。

原則❺ 残った社員への悪影響を最小限にとどめる

我々の提案の主要目的の一つは、リストラ対象外の社員が、会社と仕事に引きつづきコミットしつづけることを確実にすることだ。今まで述べてきたことは、現実にそのコミットメントを**高める**はずだ。厳しい時期には、なかなか寛大になれないものだが、社員に対する会社の基本姿勢は、そんな時期にはっきり表れる。

会社の事業計画や戦略は本書のテーマではないが、残った社員への影響を決定づける要素としては、人員削減プロセスが事業改善プランのなかでどういう位置づけにあるのかも重要だ。つまり、その影響とは、社員が受けた処遇の結果であり、ひいては会社の効率的な事業経営に向けた取り組み方の結果でもある。

繰り返しになるが、リストラは、長期的なコスト削減と収益性にほとんど貢献しない。リストラが失敗に終わる大きな要因は、社員の士気が下がることに加え、企業文化や事業構造、制度、業務プロセスの再構築といった継続的改善に向けた計画の一手段ではなく、短期的な単なる帳尻合わせであるからだ。より大きな計画のなかで位置づけないかぎり、企業は従来の非効率な経営をやめる機会を失い、結局またコストが膨張することになる。

残った社員としては、人員削減が短期的な危機回避はもちろん、その先の競争力と、よりいっそうの雇用保障につながるのかを注視しているのだ。事業計画や戦略の基本的改革のないままリストラを行えば、その先も決して楽観視はできない。前述したように、会社の厳しい現況を乗り越えて将来成功するためのビジョンを社員に示すことが鍵である。

本章の結びとして、付け加えておきたい。パフォーマンスが低い社員を我慢してまで雇用しつづけろと言っているのではない。景気の下降やテクノロジーの進歩による省力化など、社員のレベルではどうすることもできない環境と、自発的に動かず受け身なだけの社員とを区別しなければならない。そして、平均的な労働者の五%と推定される後者は、適切なカウンセリングと警告を経たうえで解雇すべきである。どちらかと言えば働きたくない、少なくとも一生懸命になるなどごめんだと考える人が現実にいるという事実から逃げてはいけない。本章が扱ってきたのはもちろん、それ以外の人々についてである。

4 公平感を示す ❷報酬

雇用保障は社員の大きな関心事だが、報酬も社員の士気とパフォーマンスにきわめて重要だ。これまで述べてきたとおり、社員の欲求はさまざまだが、お金もまちがいなくそのなかに含まれている。

給与とは何か?

社員は、給与について、次のように考えている。

●最低レベルの物質的なニーズを賄うもの。満足感が得られれば申し分ない。
●公平感を供給するもの（つまり、労働に見合う対価）。
●社員個人の達成感の判断基準の一つ。
●社員の貢献度に対する企業側の評価の強力なシンボル。

経営者から見ると、社員への給与は次のようなものとなる。

●会社の目的達成に向けて、社員を考えられる最高レベルに引き上げるモチベーションとなるもの。
●会社の目的を定義するもの。会社がお金を払う対象は、会社が求めているものと言える。
●必要な種類の社員を必要なだけ集めて維持するもの。
●労働争議を避けるためのもの。

経営者は一般に「社員が給与に満足することは永久にない」という誤った考えを持つ。しかし、不平不満も極まると、社員の採用、維持、動機づけ、平穏な労使関係を妨げることは十分理解している。これらを避けるには、給与制度を確立する必要がある。過度の不満を抑えて公平感を保つと同時に、全体的に最低限のコストで労働力を得られるものが理想的だ。給与に対する姿勢とその因果関係について、我々の調査でわかったことは、次のとおりである。

●報酬の水準と、それを決定し配分する仕組みは、社員にとって両方とも同じくらい重要である。

●誰でも報酬はできるだけたくさんほしいし、もらい過ぎと感じることはまずない。調査結果でも、約八〇%の社員が自分の仕事ぶりは「平均以上」と考えており、もらい過ぎと感じていないのも頷ける。

●もらい過ぎと感じる社員がほぼいない一方で、給与に「不満」を表明している人も二三%にすぎない。四六%は満足と答えている。

●会社内の職位が上がると、給与への満足度も上がる。役員に昇進ともなれば、それは恍惚と言っていい。

●給与の満足度が上がると、会社全体への満足度、経営者への信頼、経営者が社員を重視しているという印象も向上する。

●給与に満足している社員と不満を抱く社員の比率は企業によって大きなばらつきがある。「満足」は一六~六九%で、「不満」は八~六四%である。

●多くの社員にとって、給与満足度とは「比較」、つまり他人との比較、自分の過去の給与との比較、自分が考えるパフォーマンスとの比較、生活費との比較などの結果である。我々が給与満足度の大きな決定要因と判断するものは、次のとおりである。

●社員が考えている同業他社の給与とどれくらい差があるか。
●毎年昇給しているか。また、過去に比較して昇給幅はどうか。本人がはっきり意識していなくとも、勤続年数は給与の公平感の重要な判断基準である。
●昇給がどれだけ現時点の貢献（パフォーマンス）と将来の貢献（研修、スキル、経験から得られるその社員の能力）を反映しているか。
●昇給が物価上昇をどれだけ反映しているか。高インフレ時は、生活費が最大の関心事となる。
●賃金以外の諸手当、特に医療保険が手厚いか。健康保険・医療保険費用が上昇しているため、社員は給与と諸手当をセットとして見るようになっている。多くの人が医療費と保険料の上昇が昇給分を相殺しているような印象をもち、昇給はないに等しいと考えている。
●社内の他の社員、特にスキルが同レベルの人の給与と比較してどうか。
●会社の業績（つまり、会社の支払能力）。
●一般社員と役員の給与の落差。会社の業績が良いときは、この落差が問題になることはないし、社員は十分恩恵を受けていると感じる。

●調査のなかで最も低い評価を受けていたことで共通するのは、会社が成果主義の賃金制度を導入することだ。成果主義に対する印象は、四〇％が肯定的、四〇％が否定的というのが調査での標準的な結果だった。特にメリット・ペイ（米国で一般的な成果主義賃金）は、社員の大多数が否定的に評価している。

本書のテーマは、情熱あふれる社員と情熱のない社員を分けるものが何かについてである。したがって、生計を立てるという実利面でも、また尊厳や達成感、会社からの金銭的見返りの公平感という精神的な面でも、給与は重要だ。とりわけ給与に対する公平感は、達成感と連帯感に進む「入口」の役割を果たす。大げさかもしれないが、給与には公平感と達成感へのニーズを満足させるパワーがあるのだ。

給与は、社員が会社に対して抱く基本的な信頼感にも影響する。高業績の会社は、社員は最も重要な資産と口では言っておきながら、いざ給与となると財布の紐をきつく縛っていないだろうか。会社が製品の品質やカスタマー・サービスを重視していると言うなら、そこで結果を出した社員に報酬で報いているか。我々の調査では、言行不一致が頻繁に見られた。社員は、会社の「行動」を給与で判断することが多いのだ。

経営陣は給与制度の有効性を評価する際、人件費の割合と最近の傾向、給与調査、公式の人事考課などの「客観的」なデータを使うことが多い。しかし、これらのデータの妥当性がどうあろうと、社員が給与を成果に基づいていないと「主観的」に考えれば、それは成果に基づいていないことになってしまう。うまく機能する報酬体系を確立するには、給与水準と報い方、特にパフォーマンスに応じた報い方を区別して考えたほうがいい。

与えた分しか返ってこない

消耗品扱いされている社員に忠誠心やコミットメントを求めることなど無理である。また、特に市場競争や収益性に照らして、給与水準が低いという印象を社員が持っていたら、忠誠心やコミットメントは生まれない。雇用保障が優先されるのは言うまでもないが、給与水準もきわめて重要だ。

一般の印象とは違い、社員は給与にそれほど高望みしていない。びっくりするような給与だったら、むしろ彼らはその目的や経営陣の能力に疑問を抱くだろう。したがって、彼らのお金に対する願望と、何が妥当で何が公平かに対する考え方とを区別する必要がある。大多数の社員は「競争力のある」給与で、ほんのわずかでも他社より優位に立つことで**大きな**満足感が得られれば十分なのである。その「ほんのわずか」とは、たった一〇〇ドルでもかまわない。それが大きな意味を持つのだ。

では、生の声をいくつか紹介しよう。「今の会社で働いていて、一番良いことは何ですか?」という質問に対する回答だ。

「医療給付制度と給与が、他社と遜色ないこと」

「わずかだが、業界では給与が一番高い。会社が社員の価値を認めている証拠だと思う」
「第一級のビジネスに貢献できるチャンスと適正な給料だ」
「他社よりも充実した諸手当と、今の時代にしては立派な給料だ。会社が奨学金を返済してくれるのも助かる」

この「僅差の法則」は、残念ながら給与が他社より優位でない場合にも同じように作用し、大きな意味を持つ。昇給に対する反応でも、この法則は生きている。昇給が生活費の上昇分を下回った場合は、それは昇給でなく**減**給と受け取られる。特に高インフレ時代には、たいていの労働者はインフレ率の一ポイントの上下まで把握しているものだ。さらに言えば、昇給率が過去の昇給率を下回った場合も、社員は不愉快に感じる。減給の印象か、少なくとも失望感はあるだろう。

社員にとっては、給与がインフレに追いつかないような時期に生活水準が下がらないことと、生活の**向上率**が低下しないことが重要なのだ。高給の役員クラスから見れば些細なことでも、一ドルでも疎かにできない大多数の社員にとっては一大事である。もちろん給与の物質的な面だけでなく、尊厳、達成感、公平感といった精神的な価値も彼らにとって大きい。このような給与と昇給に対する考え方は、成果主義賃金制度に大きな意味を持つ。たとえば昇給がインフレに追いつかず、実質的な減給と見なされる場合に、メリット・ペイのような制度がどれだけ社員を信頼させ、満足させ、やる気を与えるというのか。

また、社員の給与に対する考えは、会社の財務状況をどう考えているかにも大きく左右される。業績が良ければ良い給与を期待するし、業績が悪ければ給与も良くないことは覚悟している。場合によっては、特に解雇を逃れるためなら、賃金カットも受け入れるだろう。

しかし、賃金カットや定昇率切り下げ、給与据え置きをやむなく受け入れるかどうかは、社員が会社をどれだけ信頼しているかで決まる。信頼は、次のような要素から成り立つ。

- 経営者や管理職が社員の幸せをどれだけ考えているかについて、日々の仕事のなかで社員が感じている総合的な印象。
- 財務状況に関する社員への情報開示の度合い。
- 業績が良くない時期に、組織のトップから末端まで、全社員が問題意識や自己犠牲精神を共有しているかどうか。

信頼が一度生じると、会社が社員から得る協力には計り知れないものがあるが、その逆のことも言える。給与に対するコメントをさらにいくつか見てみよう。質問は、「今の会社で働いていて、一番いやなことは何ですか？」である。

「ずっと前から、この会社の経営者の能力に疑問を抱いている。景気のせいで友人や同僚がたくさん会社を辞めているのに、経営者がもらっているボーナスときたらショッキングで不愉快だったよ。良く言っても不適切、悪く言えば犯罪だ」

「診療費、歯科治療費の値上がりが、昇給よりも年々大きくなっているから、上がった感じがしない」

「諸手当は増えたが、その分の自己負担も増え、処方薬も値上がりしているのに、そこそこの昇給もない。生活費は年々二〜三％上がっている」

「物価指数に追いついていない。定昇もなし。長く勤めても、据え置きか下がるかだ。優秀な人材が離れていくのも当然だ」

「何十億ドルもの売上を考えたら、手取りの給料が低い。分け前がもう少しあっていい。我々なしには、何もできないはずだ」

では、給与水準が会社の業績に与える影響とは何だろうか。他の要素がすべて同等なら、給与が上がるとコストが上がり、利益が下がる。給与と情熱の関係についてはすでに述べてきたが、給与とコストの関係に完全なものなどありえないと考えるのも無理はない。社員の士気とパフォーマンスに良い結果を残しても、人件費が利益を相殺することになる。しかし、これにはまだ先がある。

労働経済学における「効率賃金仮説」が、この問題を扱っている。この理論は、高業績の業界では給与水準も高いという事実に基づき、会社が「業界標準賃金」以上に報酬を出すと人件費は上がるが、社員の意欲も上がり、会社の生産高や収益も向上すると主張する。デイヴィッド・I・レヴァインは「賃金は自分たちに恩恵をもたらしているか?」という記事のなかで、「人的資本〔スキル、トレーニングなど〕に関連させて労働者の賃金を相対的に引き上げた事業体には、生産性の向上で十分な恩恵がもたらされる」と述べている。彼によれば、インフレを考慮した実質賃金が三年間以上にわたって下がった事業体の生産高の上昇率は二%だが、賃金の上がった事業体では一二%だった。[1★]

この研究は、高い賃金が生産性に与える影響について、次の四つを指摘している。

●**社員との互恵関係と士気**……雇用主からの高賃金という「贈り物」は、社員から高い生産性という「贈り物」として雇用主に返ってくる。これは、我々が述べてきた社員の士気が業績に与える影響とも合致する。もちろん、社員の長期的なパフォーマンスは生産性だけでなく、経費節約の努力や高品質により生まれる利益、カスタマー・サービス向上という観点からも語られるべきだ。

●**低い離職率**……給与水準の高い会社では離職率が低いため、新規採用や研修などに関するコストが抑えられる。

●**「責任回避」の減少**……仕事熱心でない社員にとっても、高い給与水準は、給与の引き下げよりも解雇のほうが重大なペナルティであるという意味を持つ。

1★Levine, D. I. "Can Wage Increases Pay for Themselves? Tests with a Production Function." *Economic Journal*. Royal Economic Society. *102*, 1992, pp. 1102–1115.

2★unit labor costs：生産物１単位当たり労働コスト

3★Pfeffer, J. *The Human Equation*. Boston: Harvard Business School Press. 1998, p. 200.

4★Abowd, J., Kramarz, F., and Moreau, A. "Product Quality and Worker Quality." NBER Working Paper # w5077, 4/95; Policy Brief–Prevailing Wage Laws. January 7, 2000; found at www.lbo.state.oh.us.

●**優秀な入社志望者の確保**……高い給与水準は、新規採用時に優秀な入社志望者を集めることが可能である。

賃金の研究において、忘れてはならない経験的な法則がある。それは、労働**賃金**と労働**コスト**を混同することである。労働コストとは、労働者にどれくらい払うのか（賃金）だけでなく、労働者がどれくらい生産するのかの関数である。会社にとっての労働コストの正しい計量は、生産性に占める賃金の割合、経済学でいう単位労働コスト[★2]（ULC）である。単位労働コストの観点から言えば、賃金が「低い」ときにはかえって労働は「高価」なものとなる可能性が高く、労働単価の高い国では生産性が高いという傾向は以前から指摘されている。

この分析は、同一国内における企業間の生産性の差異においても言える。たとえば、米国に進出した日本の自動車メーカーは米国のライバル企業に比べると、賃金率は同等にもかかわらず、労働コストの点で以前から大きく優位に立っている。理由は、日本メーカーのほうが、生産性が高いからだ。**表1**は、一九九六年に調査した北米における自動車メーカーが車両一台を生産するのに要した労働時間であるが、日米の歴然たる違いを示している。[★3]

労働コストの差異で、会社の成功に直結する品質やその他重要な要素を判断することは難しく、賃金と製品品質を関連づけた研究は数少ないが、正の相関関係を指摘した研究も確かに存在する。[★4]高い賃金は、生産性だけでなく品質にも作用し、高スキルの社員を採用・維持すれば、品質はいやでも上がる。一九八六年にコスト増と売上低下に立ち向かうことになった

表1　メーカー別の車両1台当たりの生産労働時間

自動車メーカー	平均労働時間	自動車メーカー	平均労働時間
日産	27.36	フォード	37.92
トヨタ	29.44	クライスラー	43.04
ホンダ	30.96	GM	46.00

ウェンディーズの社長は、次のように述べている。

「社員重視を怠っていた。コンピュータの出力結果の数字が怖かった。帳簿頼みで、人、つまり顧客と社員両方を見失っていた。〈ビジネスは人とともにある〉ということを忘れたサービス産業には厳しい懲罰が待っている。この業界は、以前から離職率が高いことで知られていて、それがふつうだったのだ。我々はその考え方に疑問を提起し、社員に選ばれる会社になることが、顧客に選ばれるレストランになることにつながる最善の道だと判断した。そこで、報酬制度と諸手当の改善を含めて、大幅な制度改正を行った。これが功を奏した。ジェネラル・マネジャーの離職率は、一九八九年の三九％から一九九一年には二〇％に下がった。サブ・マネジャーやアシスタント・マネジャーも六〇％から業界最低の三七％に改善された。有能な社員が定着するようになって、売上も好転しはじめた[1★]」

給与水準についての我々の結論は、「与えた分しか返ってこない」である。これまでの話は、経営陣が給与を可能なかぎり抑制するのは誤りだということを示している。会社は、社員が**満足のいくように**、場合によっては負担能力の範囲内で競合他社**以上に**報いる必要があるのだ。

競合他社への優位性とは、基本給に限ったことではなく、基本給以外の要素であることが珍しくない。以降では、プロフィット・シェアリング（利益分配）やゲインシェアリング（成果配分）

1★Near, J. W. "Wendy's Successful 'Mop Bucket Attitude'." *The Wall Street Journal.* April 27, 1992, p. A16.

などの変動給について触れる。競合他社と差別化するには、変動給が適している。報酬を社員のパフォーマンスと会社の盛衰に応じて調整できるメカニズムを備えた会社になれば、大きな強みとなるはずだ。

成果主義賃金の罠

これまでは、社員のパフォーマンスは「従属変数」、つまり給与水準により生み出された結果として捉えてきた。では、発想を逆転させて、社員のパフォーマンスを、給与を決定づける「独立変数」と考えてみよう。

多くの企業では、すでに何らかの形で成果主義の賃金制度を導入済みだろう。導入を一部に限定しているか、導入していない企業は、おそらく組合の発言力の強い企業か政府系機関だと思われる。その場合、昇給は双方協議のもとに決められるか、勤続年数や同一職階内昇進（職責は基本的に変えずに報酬を引き上げる）で自動的に決められる。

では、成果主義の賃金制度について考えてみよう。よく知られているのは、出来高給とメリット・ペイだ。昨今の個人主義的傾向にはマッチしており、一見良さそうだが、実践面ではまだまだ改善すべきことが少なくない。

❶ 出来高給制度

この名のとおり、社員が生産した一定量に対して給与が支払われる制度である。採用されている典型的な職種は、生産労働者と営業担当者だ。

製造業における出来高給が、きわめて現実的で公平なのは、報酬とパフォーマンスが直結しており、パフォーマンスの判断基準が客観的、つまり生産した一定量が数値化できるからだ。しかし現実には、この制度をめぐる紛争が絶えない。労働組合を持つ企業では、出来高給は社員の最大の不平不満の対象となっており、その他の事情も合わせて、出来高給を採用する企業は年々減っている。[1★]

何が問題なのか。工場で問題となるのは、生産性を示す基準が一定量ごとの賃金単価に基づいて決められていることである。その基準とは、社員に求められる単位時間（一時間、一日など）ごとの処理数量だ。多くの場合、エンジニアが時間分析と所定のデータから基準を決定する。会社は、社員がその基準を満たした場合に払われる公正な賃金を、必要なら組合と協議のうえで決定する。賃金単価とは、ある時間枠で合意された適正給与の金額を、同じ時間枠で生産できる標準数量で割ったものである。たとえば、生産基準が一日一〇〇個で、適正な給与が日給一〇〇ドルとすると、賃金単価は一ドルである。一日に一〇〇ドル以上稼ぎたければ、一〇〇個以上作ればいいのだ。

1★"Lawler, E. E., III. *Strategic Pay: Aligning Organizational Strategies and Pay Systems.*" San Francisco: Jossey-Bass. 1990, p. 57.

しかしこの手法は、深刻な問題を二つ引き起こした。第一に、標準数量の妥当性・正確性である。生産基準が高すぎて社員が苦情を寄せるケースが多いのだ。特に労使間協定では、果てしない苦情と交渉の対象となってきた。制度の根幹であるはずの、基準の「客観性」そのものが、論議の対象になっているのだ。

第二に、標準数量は、ある特定の方法を採用した場合に求められる生産量である。もし、ある社員がより良い方法を考え、生産量を二五％改善できたとすると、その改善が全体に導入され、標準数量は変更されるだろう。したがって、「出来高」という言葉自体、ある意味まちがっている。しかし、社員は、作ったもの自体に対してではなく、**与えられた方法の範囲内で**作ったものに対して給与を支給されているのだ。この結果は次のとおりである。

1　社員にとって、全体の生産量アップを図ろうと改善を創意工夫するモチベーションはほぼないに等しい。ある程度経験を積めば、社員は自分なりの改善案を持つようになるのは確かだが、その改善はあくまで個人レベルに留まる。そこには何の報酬もなく、懲罰にすら見えるからだ。この制度はそもそも社員に標準数量を引き上げることを求めているにもかかわらず、挑戦することを妨げている。

2　物理的な作業効率だけを社員に求めていると、彼らから達成感と自尊心の源、つまり思考力を発揮する機会を奪うことになる。今の仕組みでは、社員の業務遂行のための「最善の方法」を考えるのはエンジニアの仕事である。しかし、社員というものは、工程管理やその管理スタッフの仕事をやりにくくするアイデアにかけては驚くほど豊かだ。現場で時間分析を行う人間を嘲り、可能なかぎり苦情を具申し、新しい方法を塞ぎこんでしまう。

出来高は、社員が得る賃金と彼らが仕事に見せる自主性を連動させたはずだったが、理論的にはすでに土台から崩れている。また、この制度には集団としての結束力に何の効果もないことも問題だ。各社員があくまで自分自身のためにパフォーマンスを発揮すれば、チームワークが殺がれることは、ホワイトカラーの世界では以前から知られている。しかし、工場では正反対の事象がよく見られる。つまり、しばしば**経営者や管理職に敵対する**形で社員同士の結束力が促進されるのだ。ワークグループは、自分たちの基準を設定し、メンバーがそれを遵守することを求める。その基準を上回った社員は、**掟破り**であり、職場で居心地の悪い思いをするだろう。

実はもう一つ問題がある。出来高給が魅力的な理由の一つは、客観的な基準(数値)で決められることであるが、社員は報酬に結びつく対象にだけ目が行きがちになり、しばしば基準量を生産するために近道をする。たとえば、機械の動作速度を規定以上に上げるかもしれないが、そうすると生産物の品質が落ちるかもしれない。その結果、管理職は品質保証と設備維持のために、別の次元の管理手段や罰則を用意する必要がでてくる。そのために多大で、しかも不必要なコストがかかってしまう。

もちろん、環境と対象を誤らなければ、出来高給制度は適正に機能する。職務が単純で、反復性があり、個人レベルで完結するケース、加えて経営者や管理職が社員の賃金や基準の正確性に対する懸念にきちんと対応できているケースでは、出来高給の問題や弊害は起こりにくい。また、出来高給制度を**望む**社員も、なかにはいる。彼らにとっては、お金を稼ぐことがそのまま勤勉さの証明であり、士気の面では重要なのだ。

営業担当者も同じだ。彼らの大多数は、出来高給以外の条件で仕事をしても欲求不満がたまるだけだ。我々の調査データによれば、営業担当者は一般の非管理職員に比べれば、自分の報酬に対して非常に満足している。これは第一に、インセンティブ報酬制度が彼らの性格や目的に合っているからだ。第二に、営業担当者の報酬は一般的に高い。彼らのパフォーマンスが、会社の成功に占める割合のなかで最大だと考えられているためである。最後に、彼らの存在は絶大であるので、特に成績の良い営業担当者は交渉の際の発言力が大きい。経営者や管理職も、彼らをそこそこに満足させてつなぎ止めておく配慮をしている。

しかし、最低限必要なチームワークに与える悪影響や、給与に占める歩合給の割合が大きくなった場合に、営業担当者が会社に対して抱く絆の脆さは以前から指摘されており、チームワークが要求される場合には、グループ・インセンティブが一般的になってきている。

❷ メリット・ペイ制度

メリット・ペイと出来高給の大きな違いは、メリット・ペイでは給与が生産量と直接結びついておらず、上司が一定期間（一年が通例）における社員のパフォーマンスを主観的に評価することである。調査によれば、社員が昇給と自分のパフォーマンスとの関連性に不満を抱く割合が大きいのは、メリット・ペイを採用していた企業のほとんどに共通していた。

原因の一部は、上司の部下に対する評価にある。部下が評価に納得しないのではない。事実、我々の調査では、ある程度の評価への納得は見られる。[1★] ただし、それは評価が良かったケースである。つまり、部下にパフォーマンス評価をフィードバックする際に彼らが不愉快な思いをしないように、上司の多くは、実際よりもほんの少し上（最低でも「満足」レベル）の評価をしているのである。昇給が評価と結びついていなければ、この傾向はこれほどではなかっただろう。しかし、評価イコールお金であるため、プラスの評価に偏る傾向は強い。

偏った評価の問題は、昇給とパフォーマンスを関連づける仕組みによってさらに拡大される。よく使われるアプローチは、「グリッド」である。**図1**は、グリッドの例を示す。

縦軸は、その職務の給与の範囲であり、各線は、パフォーマンスの評価レベルで分類された給与を示している。このグリッドの主な目的は、全体的な人件費の増加を抑制しながら、パフォーマンスのレベルが異なる社員の人員計画をコントロールすることだが、現実とは矛盾する。

1★我々の調査では、評価の公平性と正当性についての満足度の平均値は、66%であった。

2★米国で一般的な成果主義賃金であるメリット・ペイは、業績評価に基づく点では日本の年俸制と同じであるが、評価の結果では減給もありえる年俸制と違い、高いパフォーマンスに対して基本給を増額する制度であり、減給になることはまずない。

たとえば、入社間もない社員は、**そのパフォーマンスに関係なく**、最低レベルにいるはずだ。また、最高レベルにいる社員の昇給は**そのパフォーマンスに関係なく**、頭打ちのはずである。両方とも、コストを抑えるのには役立つが、昇給とパフォーマンスの相関関係を希薄化してしまう。「パフォーマンスは同じなのに、去年より昇給分が減ったが、かまわない。少なくとも上がったことはまちがいないから」などと納得する社員はいない。なぜなら、給与範囲やグリッドなどの情報を社員はほとんど知らされていないからだ。

また、次の点が問題をさらに複雑にする。

●**予算**……最近の米国企業の昇給予算は約四%だ。この予算管理は非常に重要である。なぜなら、一時的なコストではないからだ。昇給分は、社員の基本給に組み込まれ、会社を辞めるまでずっとコストでありつづける。★2

●**変動**……昇給予算は、会社が判断したその年の支払能力によって毎年変動する。パフォーマンスごとの昇給額も、予算によって変動することになり、パフォーマンスと昇給幅の相関関係に不明瞭さと恣意的なものを残す。

図1　パフォーマンス評価を基準にした給与グリッドの例

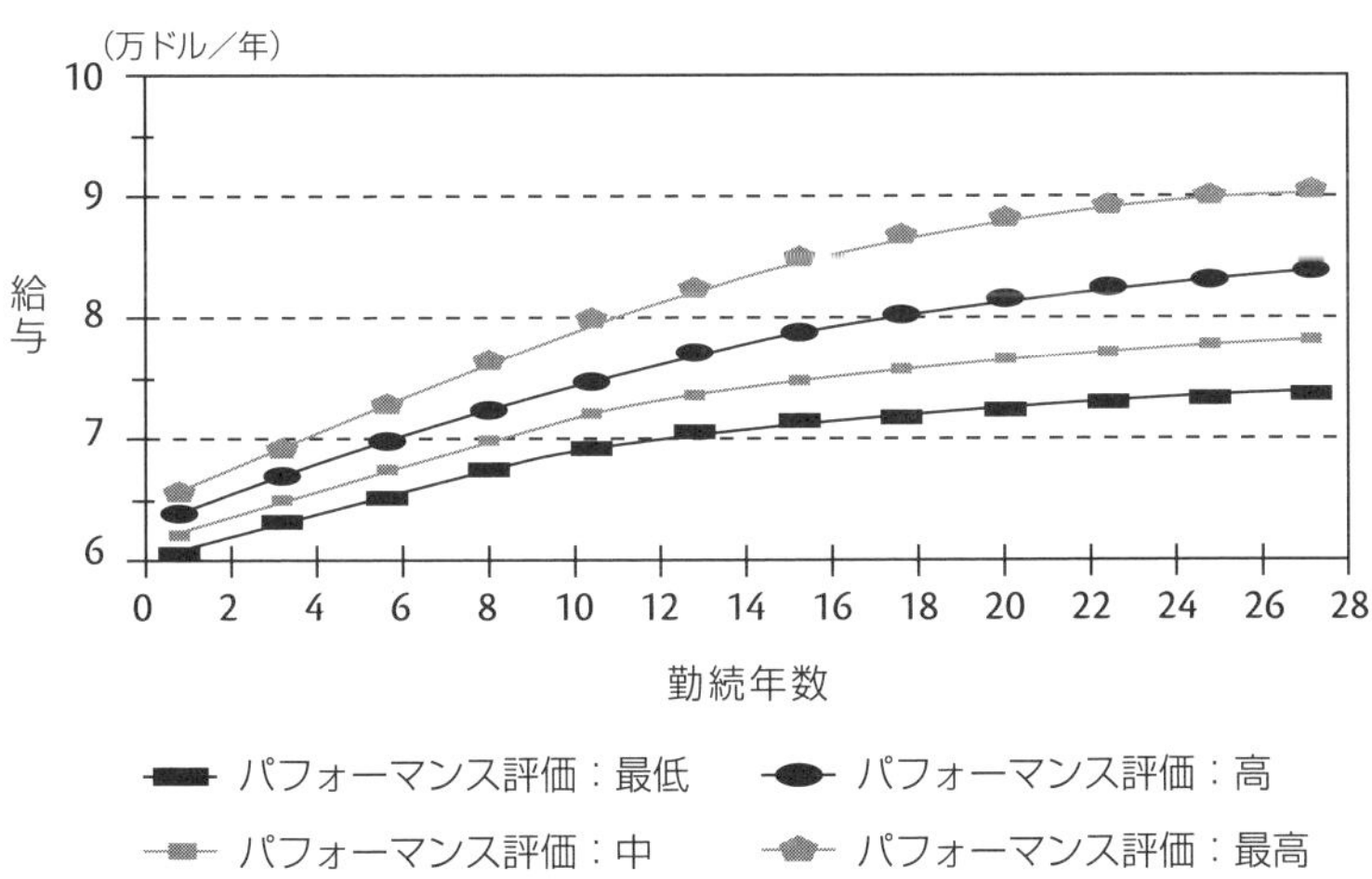

●**インフレ**……昇給率がインフレ率を上回らない場合には、社員は昇給と見なさず、減給と感じる。また、競合他社と争うため無理に昇給を行えば、さらに問題を増やすことになる。

社員にとって、給与とパフォーマンスの関係がいかにわかりにくいかは理解いただけたと思う。このような成果主義に、社員全員が満足しているわけではないが、深刻な反動も見られない。誰もが**現状を受け入れているのだ。**成果主義に関する我々の研究では、同一職階において、給与との相関関係が飛び抜けて大きかったのはパフォーマンスではなく**勤続年数**だった。つまり、年功序列で基本給を支払うアプローチと比べても、よりわかりにくいだけで、大した違いはなかったのである。

グループ変動給を導入する

では、もっと良いやり方はないのか。まず、成果主義は運用方法さえまちがえなければ、次の点で大きな意義を持つ。

●会社の利益を分配するという公平感をもたらす。
●報酬を会社の目標や目的と結びつけることにより、社員に方向性を与えることができる。

●会社の支払能力に合わせて人件費を調整できる。
あとは、「**どうやって**」が問題である。運用方法は、企業や組織によって違うため、万能のアプローチはない。ここでは、我々が考える成果主義賃金制度の基本設計と運用面での具体例をあげてみよう。

●社員報酬は、基本給と変動給からなる。
●基本給は、競合他社に遜色ない水準とし、昇給率はインフレ率を下回ってはいけない。
●変動給は、基本給の上乗せ分であり、個人のパフォーマンスではなく**所属グループ**のパフォーマンスに基づくものとする。
●変動給は、基本給に一定のパーセンテージをかけて算出する。
●個人のパフォーマンスに対しては、「表彰」の形で報酬を付与する。

では、個々について詳述する。

●**変動給**……我々が推奨している制度の基本構造は、基本給とパフォーマンスに基づく変動給である。このアプローチは、メリット・ペイとは違う。メリット・ペイの昇給分は、基本給のなかに組み込まれ、必然的に会社にとっては継続的コストとなる。変動給は、会社の収益性やコスト削減に応じた支払能力と連動し、給与総額をコントロールしやすい。この割増報酬は給与の一部にはならないため、社員にはプラスに映らないかもしれないが、インフレ分を基本給の昇給分で埋め合わせるので、大半の社員は納得するだろう。**給与の表彰・報奨的な部分が明快**で、パフォーマンスや生活費や市場ベースの昇給などが一緒になったメリット・ペイ制度の不明瞭さがない。

●**グループ報酬**……我々は大多数の労働者に対して、個人ではなくグループのパフォーマンスに基づく変動給を推奨する。理由は次の二つだ。

第一に、グループのほうが、より客観的で信頼性の高い評価が可能だ。個人のパフォーマンスに基づいて変動給を決めると、社員はお互いに**比較**されることになるが、エンジニアと工場労働者をどう比較すればいいのか、簡単ではないはずだ。

第二に、パフォーマンスとは個人の能力だけでなく、チームワークによって生まれるからだ。給与のパワーは、チームワークを殺ぐためではなく醸成するためにある。個人ベースの制度では、チームワークに寄与するところはほとんどなく、不必要な衝突を引き起こし、グループが機能不全に陥ることも考えられる。しかし、グループ報酬制度ならチームワークを促進する。グループ内の個人とグループそのもののパフォーマンスを両方とも押し上げ、社員の連帯感に対する欲求を満たし、彼らの情熱とパフォーマンスをさらに向上させるのだ。

これは仕事に熱心さが見られない「労働忌避者」にも有効だ。労働忌避者がグループの足を引っぱり、個人給与にも悪影響が出ると、グループのノルマが生産性の低い社員にプレッシャーをかけることになる。また、卓越した社員には不利ではないかという点でも問題はほとんど見られなかった。彼らはグループ全体の幸福に大きく寄与しており、またそのことをグループのメンバーもよく認めているからである。

グループ変動給制度には数えきれないやり方が存在するが、大きく分けて「社員持株制度」「プロフィット・シェアリング」「ゲインシェアリング」の三つがある。どれを選ぶべきか、選択基準と得られる効果を次に示す。

- 社員のパフォーマンスを組織としての重要な目標へ方向づける。
- 社員が自分のパフォーマンスのおよぼす効果をタイムリーに自分の目で確認できる。
- 目標の達成に、個人の努力とチームワークが求められる。
- パフォーマンスの評価が明快で信頼できる。
- 社員への金銭的報酬は、社員から見ても納得感がある。
- 制度が、社員の公平感、達成感、連帯感の三要素を満たすものである。
- 制度が、社員の会社への帰属意識を高めるものである。

これらの条件を満たしている点では、ゲインシェアリングが最も優れているが、欠点があるのも事実で、複数の制度を組み合わせるのが望ましいだろう。次に、各制度の詳細と効果について説明する。

❶ 社員持株制度

社員が株式を所有するには、次の三つの方法がある。社員持株保有退職給付制度（ESOP）、自社株式への年金資産運用、ストック・オプションや自社株購入制度を通じた株式の直接保有である。

社員持株制度の意義は、金銭とモチベーションの二つの観点から説明される。金銭面では、米国経済の成長期に社員の資産を増やす一つの良い方法として、大々的に喧伝された。もっとも、近年の株式市場の低迷により、金銭的観点からの主張は弱まっている。この状況はしばらくつづくものと考えられる。

モチベーションの面では、次の二つだ。第一に、「資本家兼労働者」の誕生により、資本主義経済下における自由経済への帰属意識を高める。第二は本書と特に関連するが、自社株式の所有は、社員の経営参画意識と業績へのモチベーションを促進する。調査結果では、最も大きな影響が見られたのは、社員の会社への帰属意識だった。また、持株制度に対する社員の姿勢・行動や企業業績（全体の労働生産性）は、帰属意識ほどではなかったが、それでも影響が小さいとは言えない。労働生産性への効果に関しては、平均でおよそ二～六％といったところだ。我々の知るかぎりでは、業績への悪影響が明白に見られる例はなかった。

しかし、企業業績への影響がそれほど大きくなかったのはなぜか。一つの原因は、社員のパフォーマンスと株価の関係が、あくまで間接的なものであることだ。株価の値上がりには、需給を左右する市場の力が働く。それを社員や会社が直接コントロールすることは不可能だ。仮にこれら市場の力が皆無だとしても、現実問題として、株価に影響を与えるレベルのパフォーマンスを成し遂げたと断言できる社員などまずいない。これでは、企業業績への**直接の影響と達成感**に対する個人としての意識とプライドは刺激されない。変動給制度の選択基準のなかにあった「社員が自分のパフォーマンスのおよぼす効果をタイムリーに自分の目で確認できる」という条件を思い出してほしい。グループ変動給制度のなかで、持株制度はこの条件が一番弱いのである。

もう一つの問題は、株価が下がった場合の社員への影響である。株価が好調なうちは申し分ないが、下がると意気消沈するだけでなく、社員の貯蓄を大幅に目減りさせるおそれがある。もちろん、経済状況や市場環境など業績以外の原因で下落することも珍しくない。しかし、悲しむべきことであるが、近年では役員による不法な経理操作で下がることもある。こうしたリスクが持株制度に悪影響を与える可能性は残っている。

❷ プロフィット・シェアリング

プロフィット・シェアリングを何らかの形で実施している企業は、全米の五社に一社、株式公開企業のほぼ半数にのぼる。大多数は退職金への算入であり、二〇％は現金支給、一〇％が現金支給か退職金算入を選択できる制度になっている。プロフィット・シェアリングの算定法は、配分金額、配分基準ともに企業によって大きく違うが、算定法自体は任意で毎年変更されるケースが多い。

社員持株制度と同様に、プロフィット・シェアリングにも強力な支持者が多い。その主張によれば、プロフィット・シェアリングとは社員の労働の金銭的な成果を分配することはもちろん、会社の財務状況の理解を深め、会社への帰属意識を高めるという。

だが驚いたことに、調査では、プロフィット・シェアリングが社員の姿勢や行動に与える影響はほとんど見当たらなかった。確実に言えることは、社員は全体としてプロフィット・シェアリングに好意的だったということだが、これは特に驚くことではない。もちろん例外は、配分する利益そのものがゼロに近い、特にプロフィット・シェアリングが一定期間つづき、現金支給や退職金算入が「当然」になっている時期に配分がないケースである。

持株制度と大きく異なるのは、「我々は、みんな仲間である」という意識を促進する点だ。特に経営陣とその他の社員間にプロフィット・シェアリングの賞与の差が小さいケースでは、かなりの効果を発揮する。企業業績に対する効果については、持株制度によく似ており、労働生産性の平均的な改善は二〜六％だった。

また、社員のパフォーマンスへの効果との関係が弱い点でも持株制度と同じだが、欠点は持株制度ほど大きくはない。収益性は、株価のように不確定要素に左右されないからだ。とはいえ、社員やグループの会社全体の収益性に対する貢献度が不明瞭なため、個人の達成感への影響は小さい。この問題を解消するため、ユニット（部署など）別のプロフィット・シェアリング制度を導入した企業も見られたが、このユニットは大きい組織単位になりがちで、改善に役立ったかどうかは疑わしい。小さいビジネス・ユニットや独立系企業のような小規模の組織であれば、この問題も小さいだろう。

また、持株制度でもプロフィット・シェアリングでも、報奨がタイムリーでないことは問題である。報奨は、対象となった行為になるべく間隔を置かずに与えると、望ましい行為であることをさらに印象づけることになり、より効果的だ。

持株制度と同じく、プロフィット・シェアリングは、会社の意思決定への高い参画意識が得られるような双方向性のある企業風土を築くうえでは、大きな効果があると言えるだろう。

❸ ゲインシェアリング

持株制度やプロフィット・シェアリングほど一般に知られていないが、社員の姿勢・パフォーマンスへの効果では、ゲインシェアリングが最大だ。その名のとおり、社員間で成果を分配する制度である。ゲインシェアリング制度の種類は少なくないが、労働コスト削減による生産性向上に報いるスキャンロン・プラン（Scanlon Plan）、付加価値指標の向上に報いるラッカー・プラン（Rucker Plan）、単位当たり標準作業時間の短縮に報いるインプロシェア（Improshare）などがよく知られている。以下は、その共通点である。

●比較的小規模な会社で用いられている（社員数五〇〇人以下が望ましい）。
●対象となるパフォーマンスの基準は社員自身の管理がおよぶ範囲のものであり、財務的基準（収益性など）ではなく、実務的基準（生産性、コストなど）である。
●会社は対象期間を設ける。
●対象期間中にパフォーマンス改善で得られた利益額を、ボーナスとしてプールする。典型的な例では、プールした金額の約半分を、基本給総額に対するパーセンテージを基に支給するので、社員には一律で同じパーセンテージが支給される。成果がなければ、ボーナスのプールもない。またボーナスは、通常一カ月または四半期ベースで支給される。これは、支給対象のパフォーマンスが得られてから可能なかぎり速やかに支給するという考えからだ。
●ほとんどすべてのゲインシェアリングは、パフォーマンス改善に向けて考えることと実行することに対する大きな参画意識を醸成する。

ゲインシェアリングは小規模の製造業で採用されることが多かったが、最近では、ホテル、飲食店、保険会社、病院、銀行のようなサービス業にも広がりを見せている。全米企業の約二割というところだろう。労働者数全体から見れば少数派かもしれないが、広まってきたのは、ここ二〇年ほどのことである。

調査結果では、ゲインシェアリングを導入した大多数の企業で生産性の向上が見られた。最低の五％から最高の七八％まで（平均は二五％前後）、大きなばらつきが見られるものの、効果は大きいと言える。世界最高の組織心理学者と目されるエドワード・ローラーは、報酬制度の研究でこう述べている。「とにかく、ゲインシェアリングが機能しているということが重要だ」[1★]。

以下はシンプルなものだが、効果的なゲインシェアリング制度の一例である。

●対象期間（通常は、前年度の一年間か一八カ月間）中の平均月間売上を算出する。ここでは、一〇〇万ドルとする。

●同じ対象期間中の平均月間賃金コストを算出する。ここでは、二〇万ドルとする。

●賃金コストが売上に占める比率は二〇％である。

●ゲインシェアリング期間の最初の月の売上が一二〇万ドルだった場合、賃金コストは二四万ドルとなる。

●実際の賃金コストが二一万ドルだった場合は、三万ドル余ることになる。これを社員と会社で五〇％ずつ配分する。

この制度がこれほどシンプルなのは、パフォーマンスの基準が「賃金コストが売上に占める比率」のみであるからだ。もちろん、他の要素を組み込んだ制度もある。たとえば、品質や出荷のパフォーマンスで、両者とも「成果」の算定に重みを与える。

1★Lawler, Edward E. E. III. *The Ultimate Advantage*. San Francisco: Jossey-Bass. 1992, p. 177.

個人出来高給では、エンジニアが設定した「基準」が論議の的となることが多く、社員が自助努力や作業手順の変更でそれをクリアしても、さらに引き上げられてしまう。したがって、能率を改善することは、自分の負荷を重くする割には収入に結びつかない。一方、ゲインシェアリングの「基準」は過去である。社員は、過去の基準をクリアできることはわかっている。過去にできた**実績**があり、報奨も過去の改善に基づいて配分されている。

とはいえ、安易に導入するのは誤りである。その会社の状況が重要なのだ。導入が成功するケースは、もともと参画意識やチーム意識が高い組織である。成果を出す最大の方法は、社員同士がパフォーマンス向上という目標に向かって過去に捕われず共同で働くことである。グループが一致団結して改善のアイデアを考え、試すように鼓舞しないと、自滅に向かうかもしれない。ゲインシェアリングは、社員個人の努力の総和以上の結果を出すプロセスを要求するのだ。

では、実効性がこれだけ認められているのに、なぜもっと広がりを見せないのか。ゲインシェアリングの運用を難しいものにしている主な制約条件は、以下のとおりである。

- ●研究所のような部署で、組織全体の定量的な評価が難しいケース。
- ●社員自身の管理のおよばない要因でパフォーマンス評価が大きく変動するケース。
- ●制度の適用対象となる組織を、適切な規模の自主管理性のある単位に分けることが難しいケース。
- ●グループ・メンバー間に相互依存性が見られないケース、またはグループ・メンバーが

●個人インセンティブをベースに働く傾向が強いケース。

●企業風土自体にゲインシェアリングを受け入れる土壌ができていないケース（経営者が社員の参画意識の価値を本質的に認めないケースや、労使間の不信感と軋轢が大きいケース）。

信頼感についても少し触れておこう。ゲインシェアリングは信頼感を強化するが、敵意に満ちた環境を愉快で明るい環境に変えられると期待してはいけない。ゲインシェアリングが成功するかどうかは、導入以前の相互の信頼に**依存する**のだ。なかでも、パフォーマンスの向上が給与の向上につながることを社員が信頼することは重要だ。売上に対する人件費率のようなパフォーマンスの基準が、単純に見えても深刻な争議につながることもあるし、根本的な信頼関係がなければ物議をかもす確率も高い。したがって、過去に不信感や軋轢が生じた経緯があるなら、ゲインシェアリングの導入前にそれを取り除くことが先決である。

以上の条件すべてが満たされても、ゲインシェアリングにはまだ問題が二つある。

第一に、ゲインシェアリングには全社的な視点が欠けているため、全社的な帰属意識の拡大や、会社の財務状況に対する社員の理解を促進することは望めない。ローラーの助言によれば、「全社的なプロフィット・シェアリングや持株制度と、ユニット単位のゲインシェアリングを組み合わせた形が、大企業では理想的」なのだ。[1★] つまり、これまで述べた三種類のグループ変動給制度には、それぞれ別の目的があり、組み合わせて使うべきだろう。

第二は、個人に対する金銭的報奨がないことだ。社員の大多数に対しては、個人のパフォー

1★Lawler, E. E., III. *Strategic Pay: Aligning Organizational Strategies and Pay Systems.* San Francisco: Jossey-Bass. 1990, p. 125.

マンスへの報奨はボーナスで差別化するのを避け、卓越したパフォーマンスを実現したグループのメンバーに賞を授与する形で運用すべきである。この賞は金銭で報いることになるが、基本はあくまで個人の**栄誉を称える**のが目的だ。第九章で、このような卓越した貢献に対する賞について述べるが、ここでは、賞の授与は本当に特別な形で、公の場で、経営陣と同僚たちの両方からの称賛として行われるべきだということを理解していただきたい。

5

公平感を示す ❸敬意

人間には逆境に耐える能力が備わっている。試してみたいなら、権力を与えればいい。

エイブラハム・リンカーン

部下は上司に対して「敬意」を払う。職位が上位であればあるほど、部下には服従が求められる。しかし、我々が言う敬意とは、社員の士気に対して深い意味を持つものであり、権力への服従や見返りの期待からではなく、**すべての人間が生来持っている価値**を理解することから生まれるものである。公平感とは、基本的な労働条件で正当な扱いを求める欲求であると定義した。この条件とは、雇用されていることに対する対価であり、一般的な倫理規範・社会通念に照らして合理的なものである。公平感の金銭的な二大構成要素は、雇用保障と報酬である。そして、非金銭的な構成要素が「敬意」である。

社員に対する敬意を持った接し方とそうでない接し方の違いは、我々の調査の自由回答でも浮き彫りにされていた。

まずは、敬意の感じられない相手と苦闘する社員のコメントをいくつか見てみよう。

「一番の不満は、社員に対する敬意が管理職に感じられないことだ。チームのメンバーは責任能力を十分に備えた大人で、クライアントのニーズに対応しようと毎日努力している。でもチームのリーダーはそれを認めない。私を含めメンバーに返ってくるのは、不愉快な皮肉だ。リーダー自身、我々が考えている企業価値すら尊重していないと思う」

「経営陣や上司の、敬意のない、相手を見下すような姿勢を毎日目にしているので、この会社の競争力や方向性を疑わざるをえない。説教する声は大きいが、口先だけだ。差別とえこひいきが横行している。リーダーにはそぐわない資質が全部揃っている。社長に直訴しようと思うが、無駄かな」

「始終、子どもみたいに監視されている。信用していないんだ。うちの上司は、PCで遊んでいないか、私用電話していないか、こそこそ嗅ぎ回っている。トイレに行く許可を要求されないのが不思議なくらい。たぶん、次はそれだ」

では、反対に好意的な自由回答の例をいくつかあげる。

「一緒に働く人たちが、この会社で誇れるところだ。常務から直属の上司、同僚まで、みんなが尊敬しあって、まじめに働く」

「リーダーのおかげで、楽しく働いています。部下の思いをよく理解し、要求にも配慮しています。実直さ、ひたむきさ、持って生まれた対人能力で尊敬を集め、社員の抱える問題に一緒になって取り組んでいます。そんなリーダーの下で働くことができて、社員はみんな喜んでいます」

「この会社は、社員を人間扱いしてきた。急用で帰る必要が出たときも、質問攻めに合わないし、申し分ない。会社は、社員を信頼している。だから、こっちも会社のために全力をつくす」

社員に対する接し方

敬意の本質とは、**平等性**である。性別、人種、収入や、そのパフォーマンスと会社への貢献度さえ関係なく、唯一無二の大切な存在として個人を扱うことだ。平等性とは、一部の人が収入や権力で他より上回るのを排除することを意味しない。それは、平等主義の最も極端な形、コミュニズムのようなケースでのみ言えることであり、我々は、権限に応じた収入の差別化を

受け入れている。権限の差別化のない企業など滑稽なだけで、機能するはずがない。

したがって、問題の中心は、合法的により高い収入を得ている、あるいは高位にある人の下位に対する**接し方**、つまり権力の行使の仕方である。

顧客への接し方は、その会社をまた利用する気にさせるには重要だが、社員とそのパフォーマンスの向上への意欲にもインパクトは大きい。ここでは、人間の持つ根本的な欲求について触れる。些末に思われるかもしれないが、友好的な上司の下で働きたいという欲求は、人間行動と企業業績に少なからぬ成果をもたらす。

繰り返すが、人に対する敬意ある接し方は非常に重要ではあるが、お金と取って替えることはできない。どちらも、**絶対的**に重要なのだ。社員が経済的に搾取されていると感じたならば、敬意ある接し方や良い人間関係などごまかしにすぎなくなる。

社員への敬意ある接し方に関して我々が行った質問とは、「経営者や管理職のあなたへの接し方を、敬意と品位、つまり責任能力のある大人として向き合っているかを基準に評価してください」だった。回答は全体として、決してネガティブなものではなかった。平均で六七％の社員が好意的だったが、三二～九一％と変域は大きかった。会社の接し方は、「敬意ある」「無関心」「屈辱的」の三レベルに分類できる。では、最悪のレベルから始めよう。

❶ 屈辱的な接し方

我々の調査結果では、このケースは、少なくとも現時点の大半の企業ではまれだった。しかし実際には、たとえ会社全体としては敬意が感じられる環境であっても、ある特定の管理職が部下に対して行う振る舞いが原因で、人心とパフォーマンスを荒廃させることもある。

屈辱的な接し方とは、露骨に劣った生き物として、無能で信頼できない存在として扱うことを指す。これを次の二種類に区別しよう。部下の仕事を上司が嘲るような個人同士の人間関係に起因するものと、社員の業務に決裁権限を一切認めない指揮系統のような企業構造に起因するものである。後者には、時間給労働者の出入口の隔離など、職位が下位の者の身分を大きく貶める差別的な職場慣行も含まれる。この種の組織慣行やステータスの区別では、職場において人間性に上位から下位という序列をはっきりつけている点が重要なポイントである。これらには目的が存在しない。なぜなら、仕事の達成という業務上の機能との関連性はほとんどゼロだからだ。

屈辱的な接し方の最も劇的な結末は、労働紛争である。我々が調査した深刻な労働争議の**すべて**において、社員が感じた大きな屈辱感が見てとれた。これらの争議対象には経済的な問題も含まれていたが、経済的な要求は心理的な剝奪状態からくる疎外感に優先するものではない。社員が見せる純粋な**怒り**は、日々の業務で上司や管理職に卑しめられていると感じて初めて起こるものだ。金銭面では、労使が合意に達しないことは十分考えられるが、お互いを尊重し、ビジネスライクな方法で妥結に向けて歩み寄ることはできる。それが団体交渉というものである。しかし、社員の品位に対する攻撃を議題にした交渉で、どう歩み寄るというのか。

人間関係面でも企業構造面でも、屈辱的な接し方がおよぼすより深刻な影響は、米国内では確かに減ってきている。その要因はさまざまだ。米国で一大勢力である製造業労働者の占める割合の減少（工場労働者は事務職員よりも尊重されないケースが多い）、国内のビジネス・スクールで指導している近代的な経営理論の普及、組合活動への解毒薬として「よりソフト」な経営スタイルの有効性が実証されたこと、さらに、日本企業が米国の経営慣行に与えた影響などである。

日本企業の労務管理では、社員の意思決定への参画、チームワーク、社内におけるステータスの差別化を最小限度に留め、雇用保障を重視していた。雇用保障がネックとなり、日本企業の哲学をすべて丸呑みする米国企業はほとんどなかったが、それでも、その影響は大きかった。

❷ 無関心な接し方

露骨な屈辱よりも頻繁に目にするのが、「無関心」である。無関心はさまざまな経営慣行に現れる。徹底的な侮辱と重なる部分もあるが、その多くは「善意の無視」と呼ぶべきものだ。「無関心」の一例として、度重なる労働争議の歴史を持つアメリカン・エアラインズを見てみよう。

一九九三年に、ニューヨーク・タイムズ紙のP・T・キルボーンは、同社のストライキの原因について、こう伝えている。

「私たちは使い捨て、単なる数合わせ」と三三歳になるフライト・アテンダントのヘレン・ヌーホフは言う。別のフライト・アテンダントもこう語る。「もちろん、乗務に就きたいわ。でも、信じているもののためにはストもやむをえない。仕事よりも自分の自尊心を守りたい」。あるパイロットは、「社員を単位原価としか見ず、フライトが終わるたびに廃棄処分になるコーヒー・カップ並みの扱いをつづけるなら、やる気なんか永久にでないよ」と吐き捨てるように言った。[1★]

こうした状況は、当時のロバート・クランドール会長の傍若無人な振る舞いでさらに悪化した。彼は最終損益にしか関心がなく、その経営手法は、相手が競合他社だろうが、指揮監督機関、社員、組合だろうがお構いなく、きわめて攻撃的だった。彼を恐れる社員は、彼を「ダース・ベイダー」と揶揄した。社員は会長の才覚を信じて、会社とその業績に一〇〇%献身的だった。しかし、彼の敵対的でぞんざいな振る舞いが、深刻な労働争議に拍車をかけた。[2★]

クランドールのスタイルは、無関心が招く地の果てに自分を追いやることとなった。社員に無関心な経営陣は多いが、彼のような労働争議の経験のある人はいない。先ほどの「善意の無視」という環境からの生の声は次のとおりである。

「社員の関心事、意見、提案は無視される。あくまで、数なんだ。こっちのアイデアなんか気にも留めない」

1★Kilbom, P. T. "Strikers at American Airlines Say the Objective Is Respect." *The New York Times.* November 22, 1993, A 1, A8.

2★最近では、社員に敵対するのではなく、真の「パートナーシップ」関係を模索する方向に動き出している。("A Profile: American Airlines changes its business operation to move on workers' ideas." National Public Radio, All Things Considered. September 13, 2004)

「末端の社員が何をどう考えているかに関心を持っていない。経営者たちが思っている以上の知識・経験を持っている人だっている。一方的に話してばかりいないで、もっとこっちの話を聞くべきだ。大卒ではなくても、考えることはできる」
「うちの上司は出勤が遅いので、挨拶を交わすこともないし、いつ出社するかもわからない。一度も見かけない日や、一度も言葉を交わさない日もある」

そこに悪意がなかったとしても、侮蔑と受け取られるのはなぜか。社員の問題は手間隙を割くに値しない無意味なことだという経営陣や管理職の本音が見え隠れするからだ。無関心とは、具体的な行為ではなく怠慢、つまり**不作為**のなせる罪である。無関心な管理職は非情でもないし、虐待するわけでもない。経済的な実利を生む取り替え可能な存在でしかない社員に、単に関心が持てないのだ。これは、純粋な「商取引」としての労使関係である。

我々は、社員一人一人を唯一無二の大切な存在として扱うことを敬意の定義とした。そして無関心は、社員が思うほど彼らは上司にとって大切な存在ではないというメッセージとなる。無視されて感じる卑小感は、屈辱感よりも対処が難しい。社員のほうから、「関心を持ってくれ！」と声を上げるだろうか。実際、意識調査の結果でも彼らがその要求を口に出すことは少なかった。関心を持ってもらいたいという欲求は人間の根源的な欲求だが、会社という環境では、堂々と口にするに値しないと考えられている。

クランドールのような振る舞いでさらに悪化しないまでも、無関心に対する社員の反応は怒りに発展する前に、まず失望と消極性に表れる。管理職からフィードバックがなければ、社員は悪いほうに受け取り、なんとなく不安感を持つことも多い。もちろん、パフォーマンスの評価は毎年行われているが、形式的な手続きの域を出ず、それほど有益ではない。そのくせ、管理職が問題視した場合には、毎日のようにパフォーマンスが話題にのぼる。

「クライアントとの仕事で、自分で自分を鼓舞しないといけないところに難しさを感じる。失敗例は、すぐに広まる。でも人間は褒められて初めてその気になる生き物だ。私は自分で自分を弁護しているような気分だ」

積極的なフィードバックがない環境では、上司は社員が勤務をつづけようが辞めようがどうでもよいと思っていると見なされてしまう。事業に下降の兆しが見えたとき、またはもっと給料の安い社員やもっと優秀な社員、管理職との個人的コネなど、何か他の理由で好ましい社員と交換できるとき、経営陣は実際に社員解雇に走るだろう。

「アウトソーシングには、もううんざりだ。うちのチーム・リーダーは、そのほうが安くつくからそのうちクビになるといつも脅す」

「とうてい達成できそうにない評価基準を設定している気がする。働く意欲が湧かないし、気に入らないなら代わりはいくらでもいると言われる。邪魔者扱いされて、いい気はしない」

社員全員が絶対不可欠な存在であることなど非現実的である。しかし、社員というものは、自分が**必要な存在**であると信じたいのだ。この願望は、人の生涯を通じて重要な欲求であり、これを満たすことができれば、社員は会社にとってお金に換えがたい存在になるはずだ。

社員に無関心な経営陣の関心の対象は、たいてい最終損益だ。彼らにとってはすべてビジネス、それも短期的なビジネスの結果なのである。だから、生産性の高い社員には目をかける。全社員の一〇％くらいの割合で、つねに称賛を浴びる社員がいるが、それは純然たるパフォーマンスを評価されただけのことだ。

重なる部分はあるものの、敬意とパフォーマンスの称賛を区別することは大切である。最大の違いは、敬意とは無条件であることだ。その社員の**行動**ではなく、一人の人間としての**存在**に対して沸き起こるものである。称賛は、会社の収益に貢献した社員に対するものだ。

それが金銭的であろうがなかろうが、基本的な公平感とは**全員**にその資格があるはずだ。全員が昇進するわけでも肩書きがつくわけでもない。昇進は、周囲にその社員への高い評価を認めさせる手段として重要だし、管理職というポジションなしには企業は機能しない。だが、管理職へ昇進できないことは、敬意に値しないことだろうか。誰かを昇進させれば誰かが失望するのは仕方のないことだが、誰も貶めることなく昇進させることはできるはずだ。ここで言う貶めることとは、意識的に屈辱を与えることではない。昇進できなかった人の欲求（昇進対象に選ばれなかった理由や、将来の昇進のためにやるべきことを考えること）への無関心さが生んだ結果である。

❸ 敬意ある接し方

社員が敬意を感じる重要なサインとは、**自分の存在に経営者や管理職が満足している**と信じることにある。「必要なコスト」の一部として我慢しているのではなく、歓迎され、組織の一員として認められていると感じるところにあるのだ。その意味で、「屈辱的な接し方」や「無関心な接し方」の対極である。**誰にとっても、自分が歓迎されていると感じることは、士気を高める巨大なパワーとなる。**

では、歓迎されている、歓迎されていないと感じる違いはどこにあるのだろうか。新入社員の入社時のことを考えてみよう。まずは、社内規程集だ。そのほとんどは、規則、規定、訓戒などの説明が長々と書かれている。その意味するところは、社員とは必然的に手のかかる存在だということである。そうかもしれない。会社は、彼らを働かせる必要がある。そのため、監視と秩序をもって管理しなければならない。

しかし、規則とその強制的な執行への執着は官僚的な精神構造の典型であり、従う側からすると不愉快なものである。また、顧客の立場から言えば、修理にきてくれたサービスマンが、顧客の役に立ちたいというより、規則だから仕方なくやってきたという印象を受けることがある。客である自分自身が、まるでトラブルの根源のように扱われる。官僚主義とは、組織の規則遵守に凝り固まったあげく、本来の目的を忘れることと定義づけてもいい。

では、シアトル本社の大手小売業、ノードストロームの社内規程集を紹介しよう。

ノードストロームへようこそ[1]★

入社おめでとう。

わたしたちの第一の目標は顧客に傑出したサービスを提供することです。

個人としての目標、職場での目標を、どちらも高く設定してください。

高い目標を達成できる能力があるはずと、わたしたちは確信しています。

ノードストロームの規則
その1……どのような状況にあっても、自分で考え、最善の判断を下すこと。

　　これ以外の規則はありません。

疑問があれば、部門責任者、店長、本社の部門責任者に、いつでも遠慮なく質問してください。


1★『ビジョナリー・カンパニー――時代を超える生存の原則』山岡洋一訳、日経BP出版センター、1995年から引用。

このわずか一ページが、会社を物語っている。まず、顧客満足の追求、非官僚主義を目指した企業風土、社員の能力とパフォーマンスに対する信頼を訴求している。この表明は、会社をあげての歓迎と敬意の縮図である。[2]

もちろん、言葉が行動に表れなければ無意味だ。以降では、会社に尊重されていると社員が感じる具体的な行為を述べる。驚くようなことでもないし、複雑でもないが、**ここでの重要な価値基準は、権限や重要度が小さい人も同等に扱うことにある。**

「人間らしい」職場環境をつくる

基本的なものから始めよう。職場環境だ。

会社を預かる人間にとってふさわしくない化粧室なら、店にいる人全員にとってふさわしくないということだ。

――マーカス・シーフ（英国百貨店マークス&スペンサー前会長）

各店舗を訪れた際にいつも最初に化粧室に立ち寄る理由を尋ねられたときの発言[3]

職場環境が必要以上に不潔である、あるいは狭苦しい、薄暗い、換気が悪い、見苦しい。

2★Spector, R. and McCarthy, P. D. *The Nordstrom Way: The Inside Story of America's #1 Customer Service Company*. New York: John Wiley and Sons, 2000. Also see Peters, T. J. *Thriving on Chaos*. New York: Knopf, 1987, pp. 378–379.

3★Peters, T. J. and Austin, N. *A Passion for Excellence*. New York: Warner Books, 1985, p. 207.

こんな状態では、会社に歓迎されていると感じることなど不可能だ。服装や清潔感のように自分の身なりに無神経であることは、自分自身に対する無神経さの一つのサインである。社員の働く環境に無神経であることは、社員に対する無神経さのサインである。社員は豪華な職場を望んでいるのではない。それでは、彼らは稼ぎの浪費と受け取るだろう。彼らが望んでいるのは、「人間らしい」環境である。では、生の声を聞いてみよう。

「物理的に窮屈で、他社と比べても汚い。働く側のことも考えて、もう少しお金を使って改善してもらいたい。この会社は良くしてくれていると思うが、職場環境は例外だ」

「ここの職場環境は最低だ。デスクも共用で、毎日の仕事にも支障をきたす。書類を広げることもできない。要は、結果を求められていないということだ。職場における自分の地位はデスクを見ればわかるとみんな認識している」

「この工場の労働環境はとても良い。作業場とは別のところでランチができる。工場長は職場の整理整頓や清掃係の怠慢には敏感だ。前の職場は、不潔で、油だらけで、むさ苦しく、エアコンもなかった。豚並みの扱いだったよ。それで、よく道具や資材がなくなった」

良い職場環境は仕事をしやすくするだけでなく、社員への敬意を表すことにつながり、彼らのモラルと生産性を向上させるのである。

不要なステータス・シンボルを廃止する

上級管理職の化粧室やオフィスが不潔なはずもなく、社員用のものをはるかに上回るものであることは珍しくない。だが、給与や権限に加え、一般社員には与えられない特権を認めることは、多くの場合、賢いとは言えない。

社員がステータスの区別に不満を抱くのはどういう場合だろうか。フォーカス・グループ・インタビューでよく批判の対象となっていたのは、他の社員と比較してではなく絶対的に劣悪な扱いを受けたと感じたとき、上級管理職から無能だと見られたときだった。一方で、社員はそのステータスの違いをふつうのこととして受けとめている傾向も見られた。

熟慮を重ねて、全社的に不必要な境界線や区別を廃することに成功した企業は少なくない。キーワードは、「不必要な」である。会社では権限の区別が必要であり、その責任によって報酬が決められることには、ほとんど誰も異論はないだろう。だが、ステータスのなかには、**高位の権限者の虚栄心を満足させるためだけのものもある。**確かに、誰であれ王侯のような扱いを受ければ気分が良いはずだ。問題なのは、特定の個人や特定の階級が特別扱いを受けることが**会社にとって**良いことなのかである。

そうしたステータス・シンボルが、社員間の交流を物理的にも心理的にも妨げるのは明らかだ。役員専用フロア、飲食施設や出入口の区別などは、上級社員と下級社員を切り離し、社員間の情報やアイデア交換の機会を著しく阻害する。だが、高いパフォーマンスを実現するには、自由な情報交換が欠かせない。会社は、権限者へ服従させるという印象を極力抑えて、この情報交換を促進すべきである。

オープンなコミュニケーションと平等主義の精神の実践のため、ステータス・シンボルを削減する企業が増えてきている。たとえば、作家のシャリ・コードロンによれば、「アルコアのピッツバーグ本社の新社屋は、すべての作業スペースが同じ寸法で、階級を意識させない構造である」とのことだ。建築家のエイガス・ラズリは、「特権階級用の回廊スペースをやめ、オープンでフレキシブルな事務所スペースとした」[1]と、あるプロジェクトを形容している。

ビジネスの目的への貢献が明白でないステータス・シンボルは、すべて廃止を前提に考えることを原則とするのがよいだろう。ここでいうビジネスの目的とは、日々の実作業におけるパフォーマンスに必要な、実効性のあるものを指す。

ロス・ペローは、GMの役員だった頃にこう述べている。「［ミシガン州］ポンティアックでは、役員用の駐車場は暖房つきだった。一方、社員は雪のなかを歩いて出勤してきて、工場で凍りつきながら働いている。駐車場の暖房費は一台当たり、年間十四万ドルもかかっていた。即刻やめさせた。車作りには関係ないからだ」[2]

ニューヨーク市のマイケル・ブルームバーグ市長は、自分が創業したブルームバーグでオー

1★Caudron, S. "The New Status Symbols." *Industry Week*. 248, no. 12, June 21, 1999, p. 44.

2★Peters, T. J. *Thriving on Chaos*. New York: Knopf, 1987, p. 381.

プン・オフィス主義を貫いていたが、市長になってもそれを市庁舎内に持ち込んだ。最上級の職員は市長も含めて、巨大で開放的な「ブルペン」に据えられた個人スペースが職場だ。パティ・ハリス副市長によれば、このスタイルは一階の会議室にまでおよび、ドアがガラス製で、ホールから室内が見えるようになっている。「万事、開放性と透明性を持たせるのが目的です」と副市長は説明している。

真に必要なステータスとは？

真に必要なステータスとは、時間給労働者と給与労働者との違いだろう。前者は働いた時間数で支給され、後者の報酬はそれより長い単位期間に基づいて、週給、月給、年棒が決められる。もっとわかりやすく言うと、時間給労働者は欠勤や遅刻分の報酬はなく、残業で埋め合わせを求められる。典型的な給与労働者とは、単位期間内の実働時間に関係なく、毎月同じ給料日に同じ金額を受け取る。[3★]

両者のこの違いは、実際に携わる業態の違いに起因する。時間給のケースでは、装置の組み立てや紙の加工など、物理的な作業を通じて物理的な成果物を生む。欠勤や遅刻した時間中に成果物を生むことはないし、会社も非就業時間に対して支給する義務はない。これに対して給与労働者の仕事は、もう少し複雑で、頭を使う。管理、運営、計画のように、判断力が必要な

3★ここで「典型的な」としたのは、同じ給与労働者でも、扱いには幅が見られるからだ。たとえば、認められた「病欠」「有休」日数を超えると賃金カットされる例もある。また、業務内容が時間給労働者とよく似ている給与労働者のなかには、残業手当を払う法的義務を免除されている例も見られる。我々はここでは、「免除される」労働者と「免除されない」労働者の法的な身分の違いには言及しなかった。米国内の公正労働法にも、本書で扱ったような身分の区別に言及したものは少なくないが、公正労働法の本来の目的とは、雇用主側が専断的な時間管理に基づき、過酷な給与制度を労働者に賦課することを防止することにある。我々の関心はあくまで、賃金における身分、すなわち給与労働と時間給労働の区別を維持することが、雇用環境ひいては従業員の情熱に与える影響にある。

仕事といえる。こういった非マニュアル活動は時間で束縛することが難しく、彼らのパフォーマンスの結果は実働時間に比例しない。

労働者にとって納得感のあるステータスとは、この二つの階級にある。「会社の一部」となった信頼できる労働者と、賃金を得るためだけに働き、会社に対してそれ以上の忠誠心を持ち合わせていない労働者である。派遣労働者があくまでエージェントの社員と見なされるのと同様に、組合の存在する企業では、時間給労働者は組合の社員といっていいだろう。

違いをもう一つあげるならば、給与労働者は「専門家」と見なされている。これは、高等教育を受けたかどうかではない。専門家は、自分の仕事の質と、自分が勤める会社に関心を抱いている。他方、「労働者」（すなわち、「職工」）は、生計を立てるのが目的であり、例外はあるものの、厳しい管理下で初めてパフォーマンスが上がると一般に考えられている。

時間給労働者の実働時間にはタイムレコーダーがよく使われるが、「専門家」に使われることはまれで、使ったとしても怒りを買うだけである。ニューヨーク州の専門職組合、公共労働者同盟[1★]の委員長は、州政府からの契約に関する提案に対して、次のように対応した。

> 州政府としては、タイムレコーダーの使用を禁じた現行の契約を破棄し、「ＩＤ磁気カード」で時間管理を行いたい意向だった。だが、州政府が我々のプロフェッショナリズムに干渉し、職場における我々の時間と所在を監視する目的でＩＤ磁気カードを使用して我々のプライドを傷つけることは、断じてあってはならない。州知事とその補佐職員

1★Public Employees Federation

は、タイムレコーダーに打刻することはない。医師、弁護士、プログラマー、エンジニアなどの民間の専門職も同じはずだ。今回の要求は、我々に対する侮辱であり……[2]

では、時間給労働者にタイムレコーダーを使わせるのは侮辱にならないのか。彼らがタイムレコーダー管理に怒りをあらわにすることはまずない。それ以前に、彼らは時間給労働者と給与労働者を差別化するシステムそのものに不満を抱くことはほとんどないのだ。前述のステータスの区別と同様に、このシステムは組織のなかに、また自然の摂理と言ってもいいくらいに労働者の精神構造のなかに、深く根づいている。

給与労働者は、経営陣の敬意ある職場作りへの努力を支持する。それは、会社は**全**レベルの社員を手や足と見なすのではなく、頭を使うことに対して報酬を与えるのだということの表明であるからだ。それは、彼らの誠実さとコミットメントに対する信頼の表明なのである。

自由を尊重する

仕事に対する自由裁量を社員に与えることは、パフォーマンスにプラス効果をもたらす。なぜなら、効果的な仕事の進め方を熟知しているのが社員自身であるからだ。また、**自分の**仕事に自分のアイデアを、その客観的な良し悪しは別として、生かそうというモチベーションを

2★www.thecommunicator.org/comnovember1999/prezmez.htm.で閲覧した公共労働者同盟委員長（ロジャー・E・ベンスン）の1999年11月のメッセージより。

持っているからである。

社員に自由にやらせることは、彼らが経営陣や管理職から感じ取る敬意を考えるうえで深い意味を持つ。熟練した社員の仕事の全ステップに指示を与え、その指示どおりに遂行されたかどうかを逐一監視するような会社は、彼らを信頼していないか、無能扱いしているのだ。

「うちのマネジャーは重箱の隅をつつく。それが正しいやり方には思えない。不必要な、どうでもいいことに意欲を燃やしている。考え方や行動に戦略がない。彼は、我々を尊重しないし、リーダーとは言えない。もちろん、周囲からも尊重されていない」

「一番の不満は、社員に対する管理職の敬意と彼ら自身の能力のなさだ。うちのチームのメンバーは全員が責任能力を負う大人だし、毎日クライアントの要求に基づいて判断を行っているが、そういう扱いを受けていない」

「官僚主義で息苦しい。意見したらクビにされかねない。社員に対する敬意を感じない。子ども扱いだ」

ろくな指揮監督もせずに、そのくせ社員の仕事も信頼しないのは、官僚主義に見られる顕著な特徴である。官僚主義の主眼とは、全レベルの社員を規則で拘束することにある。だが規則は、特に工場労働者や作業員にとって、仕事自体のパフォーマンスの範疇を超え、「品行」

「行儀」の域にまで広がっている。それは、衣服、遅刻、欠勤に関する規範、休憩時間の長さ、備品の私的使用、自席を離れる自由、同僚との会話にまで至り、これらの規則に対する違反行為は、ほぼ例外なく懲戒処分につながり、最悪の場合は解雇となる。

「管理の細かさ（休憩時間、私用電話、ランチ）にはうんざりだ。子どもみたいに監視されている」

「いやになった。ずっと監視され、トイレに行くにも許可がいるし、ほんの二～三分席を外しても叱責されるようでは、自尊心も持てない。職場に来る気になかなかなれない」

「うちのリーダーと毎日うまくやるのが難しい。部下を小学生みたいに扱って、我々の考えにはまったく関心がない。仕事の内容よりも、遅刻していないか、終業前に退社していないか、そっちのほうが大切みたいだ」

会社に行動規範は必要か。もちろんだ。ノードストロームですら、研修や日々のコミュニケーションを通じて明確にしているはずだ。しかし、ノードストロームのような会社は、他とは二つの点で異なる。第一に、社員同士の仕事中の会話を禁止するようなことはありえない。大の大人に対する規則で、これほど滑稽で人をバカにした規則があるだろうか。この種の決めごとを守らせるために、莫大なコストを垂れ流しているのだ。第二に、規則が必要になったときは、厳格な要件としてではなく、一般的な指針あるいは期待を込めて、前向きな論調で文書化すべきである。たとえば、次の「有給休暇」に関する指針をお読みいただきたい。

我々は、熟達した専門家からなるダイナミックな組織であり、顧客にとっても、我々のサービスの位置づけは大きいのです。それは、高度・大規模プロジェクトを遅滞なく進行管理する我々の能力を評価してのことなのです。我々のサービスの計画はクライアントの役員レベルで決定され、彼らの社員全員の業務に影響をおよぼすことになります。したがって、我々が納期を厳守することは最優先事項なのです。

顧客への高度な対応能力を維持するには、休暇、一身上の事由による欠勤、病欠、家庭の緊急の用件、宗教上の慣習遵守といった、スケジュールに想定できない状況に対する柔軟性が要求されます。社員の皆さんには、会社のこういった企業努力に協力と貢献をお願いしたいのです。実際にお願いする協力の形は、皆さんの個々の状況をケース・バイ・ケースで考慮することになります。

未消化の有給休暇は、翌年度には持ち越せないものとします。しかしながら、各職場の作業負荷や、完全消化を妨げる特殊な事情により、上司の特別な取り計らいで未消化の有給休暇の一部またはすべてを、一年を超えない範囲内で一定期間持ち越すことを許可することがあります。

緊急の用件や予期しない出来事で、欠勤や遅刻を余儀なくされるのは、よく理解しています。もしこのような状況に直面したら速やかに、願わくは前日までに上司に申し出てください。ただし、上司に届けるだけでは適切とは言えません。言うまでもなく、欠勤と遅刻は皆さんのパフォーマンスの評価対象となる要素です。皆さんの上司は、過度の欠勤と遅刻を監視し、何らかの矯正措置をとることになります。[1★]

社員とは責任能力を持ち、道理をわきまえた大人である。合理的な規則であれば従うが、威嚇されて服従を強要されれば反発するというのが、ここでの教訓である。実際には、無責任な社員もごく少数いるが、それはまた個々に、断固たる措置をとるべきだろう。

情報はできるかぎり公開する

ステータス・シンボルについては、社員間を区別する目的がビジネス上の必要性に迫られたものではなく、単に高位の権限者の礼賛にあるのなら、即刻廃止したほうがいいというのが基本的な考えだった。同じことが、コミュニケーション（誰が、いつ、何を言われたか）についての規則にも言える。知っていることは権力を意味するが、またステータスも意味する。「あなたの知らないことを知っているのだから、私のほうが重要度は高い」といった具合である。

ビジネスにおいて、非生産性の最たるものは、「知る必要性」をベースにした情報開示である。

1★シロタ・コンサルティングの社内規程集より。

この指針の精神は、「知る必要のある全員に知らせる」という包括性からは程遠く、「知る必要のある人に**だけ**知らせる」という排他性であることが多い。

統制とは、機密情報を機密に保つことである。どんな企業にも、開示を制限する必要のある情報があることは言うまでもない。だが、次の三つの問題が会社側の意図を損なうだろう。第一に、機密性を要する情報は、経営陣が考えているよりずっと少ない。第二に、彼らが機密だと考えている情報の多くは、噂話などで実質的に機密ではなくなっている。第三に、社員は情報の欠落した部分を推測で、それも最悪のケースを想定して埋め合わせることがよくある。

コミュニケーションの統制は多くの場合、不合理で非生産的、そのうえ社員に、重要でない存在として扱われている感覚を植えつける。コミュニケーションの欠如に起因する社員の不満は、フォーカス・グループのインタビューや自由回答の質問でも頻繁に見られた。質問は「今の会社で働いていて、一番いやなことは何ですか?」である。

「自分に関係のある変更事項が知らされない。もっと簡単に情報にアクセスできないようだと仕事がやりにくい」

「部署間のコミュニケーションがないし、うちの部署も本当の役割と実際に処理していることが食い違っている。電話をまちがえて取り次いだあげく、たらい回しにして、客も大いに不満だろう。コミュニケーションがクリアになれば、客も私も、苛立ちが少しは軽くなる」
「コミュニケーションの欠如が大きな問題だ。「知る必要性」ベースで知らされるので、情報が少なすぎたり、遅すぎたりすることがよくある。知るべき情報をなぜ隠すのか理解できない」

会社が社員から隠す必要のある情報が、それほど多いとは思えない。財務情報を考えてみよう。SRCホールディングス（前身は、スプリングフィールド・リマニュファクチャリング・カンパニー）のジャック・スタックCEOは、社員との情報共有の支持者としてよく知られている。彼は、自分の考え方を明確な形にして、「オープンブック・マネジメント」と命名した。財務情報は全社員に開示し、討議の対象とすべきだという彼の考え方は、情報を「ステータス」の差別化に利用するという考え方とは対照的だ。

ビジネスにおける最大かつ最も危険な嘘とは何か。情報とは権力であるという誤った決まり文句は、今日の企業でよく見られる欺瞞の元凶である。それが本当なら、人は情報を、問題解決のためではなく、同僚に対する武器として使うべく、胸にしまい込むことになる。
だから、SRCはオープンブック・マネジメントに取り組んだ。全社員が正直だからではなく、全社員に、業績評価基準、財務データ、評価推定値など、同じ情報を伝えて、毎日真実を話し合える会社を作ろうとしたのだ。社員が会社の現状を知れば知るほど、問題解決への意欲を燃やすことになる。情報とは権力などではなく、重責である。情報の共有は、リーダーシップとしての重責も共有することを意味する。[1]

スタックのオープンブック・マネジメントは、金銭的な業績アップ分を社員とシェアする、また、社員の雇用保障を最優先するという彼の経営哲学の一貫でもある。実際、彼のもとで上げた業績は、この経営方針の功績もあって、記憶に残るものとなった。[2]

社員の仕事に必要な情報提供という機能面から見ても、社員が尊重され、会社の一員として意識でき、会社の誠意に信頼を感じられる情報提供という心理面から見ても、情報の流れを妨げる制約を最小限に留めることは重要だ。誠実な会社経営を確約することは、特に正確な情報を求める株主などのステークホルダーにとっても重要である。これは「透明性」という言葉で語られ、今日の企業にとって大きな課題となっている。

ただし、制限が二つある。第一は、明らかに機密性が不可欠であるか、一定期間外部に洩らさない配慮が必要な一部の事項である。第二に、情報の一〇〇%開示は、優先順位もつけず、体系化しないままの、関連性のない情報を会社中に氾濫させることではない。それでは逆に、コミュニケーションの**欠如**ということになる。

1★Muoio, A. "The Truth Is, The Truth Hurts." *Fast Company Magazine.* April 1998, Issue 14, p. 98.

2★スタックの経営哲学の全貌は、Stack, J. and Burlingham, B. *The Great Game of Business.* New York: Doubleday and Company. 1994 参照。
『グレートゲーム・オブ・ビジネス――社員の能力をフルに引き出す最強のマネジメント』楡井浩一訳、徳間書店、2002年

日々、礼儀をつくす

ビジネスと人に対する敬意を考えるとき、基本的な礼儀の大切さは見逃されがちである。なかでも、上司が部下に対するときの話し振りは重要だ。些末に聞こえるかもしれないが、ごく当たり前の礼儀が、非常に人間的なレベルでの平等主義、「私の権限・権力が、一人の人間としてのあなたの価値を貶めることはありえない」という心情を具体化するのである。これは、会社のトップがくだけた雰囲気で職場を訪れ、ファーストネームで話しかけたときの社員の反応にも如実に表れる。喜びを通り越して有頂天になり、その日はその話題で持ち切りになり、家族や友人にも自慢するだろう。

興味深いことに、社員はそうしたフレンドリーさの裏には、事前に名前などの説明を受けるといったお膳立てがあったことを見抜いている。だからといって、価値が下がるわけではない。きっとその社員は、トップのことを「優秀なビジネスマンだ。人を味方につけるにはどうしたらいいかをわきまえている」とでも話しているに違いない。つまり、**社員の人心掌握**がビジネスには欠かせないことをトップが承知していることに対して称賛しているのである。それが、社員にとっては「尊重されている」というサインなのだ。そんな努力もせず、社員など意に介さない、ときには侮蔑的に見えることすらある管理職だと、こうはいかない。ただし、上司のフレンドリーさも、他の行動と一貫性が感じられない場合にはやぶ蛇となる。劣悪な職場環境の改善に必要な出費を渋る人間が愛想よく「おはよう」と声をかけても、本気に受け取る人間はいない。

トム・ピーターズとロバート・ウォータマンの著書に、今なお啓発に富む『エクセレント・カンパニー』[1★]がある。この著作の最大の功績は、MBWAの略称で知られる「歩きまわる経営」[2★]を重視した点だ。彼らは、経営者は一日の四分の三は現場に出向くべきだと主張する。何のために？ 文字どおり、「歩きまわって」部下とざっくばらんな会話を交わす場を持つためである。MBWAの目的は、「話を聞き、指導し、意思の疎通を図る」ことにある。旧来の官僚機構における情報経路とは違い、この手法では管理職が現場の状況を学び、社員のパフォーマンスを支援することになる。[3★]

しかし、部下を細かく管理する手段としてMBWAを使うと逆効果になる。MBWAには、情報交換しながら相手から学ぶ**会話**が不可欠だ。また、お付きを引き連れ、細かいタイム・スケジュールに沿って事前の想定問答集をなぞるだけの「公式訪問」も裏目となる。そうならないためには、純粋な一対一のコミュニケーションが絶対に不可欠である。これで初めて、社員を一人の価値ある人間として尊重するというMBWAの趣旨を可能にする。

我々が一緒に働いたことのある経営者のなかで、典型的な例として、ワシントン・ポストのドン・グレアムCEOをご紹介しよう。キャサリン・グレアム前CEOの息子である彼は、一九七五年のポスト紙の印刷工ストライキという苦い経験のあとに、経営者の地位に立つことになった。ストのあと、彼は印刷現場に明るい空気を取り戻させたが、それは彼の気取らない

1★原題：*In Search of Excellence*、邦訳：大前研一訳、英治出版ビジネス・クラシック・シリーズ、2003年

2★Management By Walking Around

3★Peters, T. J. and Waterman, R. H. Jr. *In Search of Excellence*. Harper Row, New York. 1982, pp. 121–134.

性格、形式ばらない雰囲気、部下のデスクでしょっちゅう交わす会話によるところが大きかった。このような態度を好ましく感じるのは、もちろんブルーカラーに限ったことではない。次に引用するのは、一九七二年に同社に入社したロジャー・ウィルキンスの観察である。

> 彼は黒人初の論説委員で、のちにウォーターゲート事件関係の社説の大半を執筆することになった人物だ。その人物が最近になって、こんなことを言った。「ある日、オフィスに男が一人やってきた。愛想の良さそうな男で、微笑みを絶やさず話しかけてきた。〈ドン・グレアムです。よろしく。あなたを歓迎していることを伝えたくてね。ここが、楽しくて、いい仕事をしてもらえるような職場でありたいね〉。その男が誰かは、あとで聞かされた。とても、いい印象を持ったよ。新聞社でそんな雰囲気にお目にかかることは滅多になかったからね[4★]」

物事に動じないシニカルな新聞記者が、「雰囲気の良さ」に心が動くとは予想外だろう。

階層を問わない礼儀の大切さを証明する例をもう一つご紹介しよう。一九八五年に我々は、ある鉄道会社で、組合との関係改善のお手伝いをした。非常に生産的な協力関係を築き、プロジェクトが成功裏に終わった結果、社員のパフォーマンスと質を向上させることができた。鉄道会社の労使間でこんな協同作業をするなど、一年前ではとても考えられなかったことだ。労使双方の役員とも満足し、プロジェクトの成功を祝って夕食会が催されることになった。

4★Sherman, S. "Stability: Donald Graham's Washington Post." *Columbia Journalism Review.* Sept./Oct. 2002, p. 42.

その夜、CEOの到着を待っているあいだ、その会社の最大労組の委員長は、いがみ合ってきた過去の歴史を思うと、このプロジェクトの成功が信じられないと感想を述べた。委員長は心底喜んでいたが、CEOが到着すると、こう予言した。「見てなさい。あの人は私に絶対〈ハロー〉と挨拶しないから。問題はそこなんですよ」

事実、そのCEOは、コンサルタントに促されるまで挨拶しなかった。労組の委員長は、会社側に対決姿勢を崩さない強面《こわもて》で知られた存在だ。礼儀を示すちょっとした仕草など、一見大したことではなさそうだが、委員長にとってはそうではなかった。ほんの些細な事柄が個人におよぼす影響力を理解する努力をしつつ、人間の欲求を単純化しすぎないことを肝に銘じておきたい。

6 達成感を与える ❶ビジョン

私の知るかぎり、リーダーシップは、権力ではなく、
人を突き動かさずにはおかない最上のビジョンとゴールから生まれる。

フレデリック・W・スミス●フェデラル・エクスプレスCEO

社員の情熱を引き出すには、企業の**目的**が、信頼でき、明確で、人を駆り立てるものでなくてはならない。つまり、社員が「そこで働く必然性」を理解できるような**存在意義**が欠かせないのである。第六〜九章までは、社員が自分の仕事に達成感とプライドを感じることのできる条件について述べたい。

四つのエクセレンスを実現する

入社当初は会社に対する関心に満ちていた社員も、時を経るにつれ、やる気を失っていく。原因は、個人レベルの問題ではなく、会社や経営の体質である。社員は資産ではなく、あくまで「必要悪」としてのコスト、いつでも削減可能なコストだという会社側の社員観が、そこで働く人間の忠誠心とプライドを減退させていくのだ。

会社側の公然たる金儲け第一主義もまた、忠誠心を萎えさせる。利益追求がまちがっているとは言わない。会社としての金銭的な達成感も、社員のプライドの大切な源泉である。しかし、個々の社員がプライドを感じるのは、質の高い仕事を成し遂げたときのような、現実的な実入りではない何かに対してである。

我々の調査では、社員の会社に対するプライドと総合的な満足度には強い相関関係が見られた。そこから、次の四つのプライドの源が見て取れた。それらは切り口こそ違っても、共通するあるものを表象している。それは、**エクセレンス（卓越）**である。

1　財務実績におけるエクセレンス
2　業務効率におけるエクセレンス
3　製品特徴におけるエクセレンス（実用性、他社との差別化、品質など）

4　企業倫理におけるエクセレンス

人が働くにあたって望む企業とは、**利益を生み、徳を失わない会社**である。1と2は、効果的な経営で収益性の高い会社で、3と4は、真に価値ある商品を顧客に提供する、あるいは企業倫理に則った経営を行う、信義誠実を重んじる会社だ。もちろん、この四つのエクセレンスには相関関係がある。顧客に価値を提供できず、非倫理的な経営をつづけるようでは、財務実績で長期のエクセレンスを達成することは難しいだろう。プライドを醸成する要件としては、四つのすべてが重要なのだ。

我々の調査結果でも、収益性と倫理性の両方が大きくクローズアップされていた。まずは、好意的な回答を見てみよう。

「会社の成功を維持するために、よくやっている。ここで働くのは楽しいし、長くつづけたい」

「優れた商品、優れた戦略、優れたリーダーシップ、社員と顧客への配慮、信義の厚さ。経営陣は申し分ない。社員は好運だと思う」

「顧客に対しても株主に対しても、有言実行を果たす経営陣の下で働けてよかった。この会社の一員でいることに感謝しています」

次は、不満を示す回答例だ。

「職場では、社員が自発的に何かすることはないし、イノベーションやエクセレンスを追求することもない。〈周囲がやっているから〉やっているだけで、ベストを目指そうという機運も起こらない。経営者が雰囲気を変えないと……本当にさえない」

「何事においても条件反射的なアプローチで下り坂。改善の話はしても、話だけで何も起こらない。つなぎ止めておくべきだったものをすべて捨ててしまっている。忠誠心を持った社員まで。どうして、こんな会社になってしまったのか」

「高いパフォーマンスが必要なのはわかるが、経営陣のやることは逆を目指しているとしか思えない。ほんの些細なことの決裁がトップにまで上がる。末端の技術職員の異動にまで社長が出てくるのでは、非効率で物事ひとつ永久に決まらないだろう。リーダーシップはどこにあるんだ?」

業績が月並みな会社に情熱を感じることは難しい。だが、事業がどう運営され、どんな結果に終わったかという問いかけも、高い業績と同じくらい重要なはずだ。これに答えられないなら、仕事と企業の目的は、他のゴールの達成、特に金銭的な達成感を上げるための単なる手段になってしまう。

あなた自身が給与や諸手当以外で、仕事に求めるものを考えてみてほしい。一日の終わりに「今日は、いい仕事ができた」と納得するのは、どんな一日か。仕事の質が高く、自分の技量を十分に発揮でき、会社や顧客に対して大きな効果を与えることができたときではないのか。
社員の情熱を高めるには、その企業の目的、特に顧客志向と基本理念が重要なのである。

利害を超えるビジョンを示す

> この会社が基本理念に従って恥じない行動をするために、次のことを表明する。医薬品は患者のためにあることを忘れない。医薬品は人びとのためにあることを、絶対に忘れてはならない。利益のためではない。利益はあとからついてくる。これさえ忘れなければ、利益はかならず出る。このことを肝に命じているほど、利益は大きくなる。[1★]
>
> ――ジョージ・メルク二世（メルク・アンド・カンパニー前CEO）

では、倫理性の追求が**ビジネスに**何かをもたらすことが本当にあるのだろうか。それ以前に、企業がより高い倫理性を目指すこと自体、意味あることなのだろうか。

実際に、「倫理性の高い」企業の業績が長期的に優れているという証拠は少なくない。コリンズ

1★第1文を除いて、アイリーン・C・シャピロ著、『勇気ある経営――最新経営イノベーション手法を超えて』仁平和夫訳、日経BP社、1996年から引用。

メルクは以前から、その高潔さ、寛大さ、プロフェッショナリズムが高く評価されていた。ジョージ・メルクの「利益ではなく患者のための医薬品」に対するコミットメントは、株価一辺倒の他企業と好対照をなしていた。1980年代に同社は、フォーチュン誌の「世界で最も称賛される企業」ランキングで7年連続1位に選ばれていた。同社は、糸上虫症（フィラリア症）から毎年何百万もの人を救うために、治療薬メクチザンを熱帯地方の国に無償供与したことでも知られる。しかし最近の出来事は、「メルクの時代」の終焉を意味しているのだろうか。同社は短期収益に大きく軸足を移し、長年築いてきた高潔な企業姿勢と長期的な視野に対する世評を落としている。同社は医薬品ビオックスの深刻な心疾患の副作用情報の開示を妨げたという申し立てのなか、自主回収に追い込まれた。

とポラスによる一九九四年の『ビジョナリー・カンパニー――時代を超える生存の原則』は、この分野で記憶に残る研究である。[1★]彼らは、その業種において「最高のなかの最高」と位置づけた（しかもそれを長く持続した点が重要だ）企業を、「満足できる」企業と比較した。すなわち、「金メダリスト」と「銀・銅メダリスト」との比較対照である。たとえば、GE（「金」）と比較された企業はウェスティングハウス、ジョンソン&ジョンソンはブリストル・マイヤーズ・スクイブ、P&Gはコルゲート、IBMはバローズといった具合だ。この十八例の比較対照で、「最高」ランク企業の長期的業績は、概して比較企業や業界全体をはるかに凌ぐものだった。たとえば、「最高」企業が一九二六年一月一日に投資した一ドルは、その価値が一九九〇年十二月三一日には六三五六ドルに膨れ上がっているが、比較企業では九五五ドル、一般企業では四一五ドルに留まっている。[2★]

コリンズとポラスは、「最高」ランク企業を「満足」ランク企業と差別化した要因を分析し、ある結論に達する。前者は、その特徴のなかでも「利益を超えるビジョン」を持つ点で顕著だった。「ビジョナリー・カンパニー」と呼ばれる所以である。

ビジネス・スクールの教えに反して、ほとんどのビジョナリー・カンパニーにとって、「株主の富を最大限に高めること」や「利益を最大限に高めること」は、大きな原動力でも最大の目標でもなかった。ビジョナリー・カンパニーはいくつかの目標を同時に追求する傾向があり、利益を得ることは、そのなかのひとつにすぎず、最大の目標で

1、3、4★James C. Collins and Jerry I. Porras, *Built to Last*. New York: Harper Business Books. 1997.
『ビジョナリー・カンパニー――時代を超える生存の原則』山岡洋一訳、日経BP出版センター、1995年から引用。

2★この計算では、上場された時点で、すべての配当金は税引き後、再投資に回されたものとしている。

あるとはかぎらない。ビジョナリー・カンパニーの多くにとっては、はるか以前から、事業とは経済活動を超え、単なるカネ儲けの手段を超えた存在である。[3]

先に引用したジョージ・メルク二世のような「利益を超える」ビジョンの例がこの本には豊富だが、次は一九七六〜九二年までヒューレット・パッカード（HP）のCEOとして在任したジョン・ヤングのインタビューからの抜粋だ。

株主の富を最大限に高めるという目標は、いつもリストの下の方にある。そう、利益はわれわれの活動の基礎である。われわれの貢献度をはかる尺度であり、自前で成長する手段だが、それ自体が目的であったことは一度もない。目的は勝つことであり、この目的が達成されたかどうかは、顧客の目で判断され、誇りにできる仕事をしているかどうかで決まる。この考え方は、理論的に釣り合っている。真の顧客に本当に満足してもらえれば、利益を上げられるようになる。[4]

この考え方は、テキサス・インスツルメンツ（TI）と比較されている。

……四十を超える記事や事例研究を調べたが、TIが利益を超えた理由のためにあるという発言は、ひとつも見つからなかった……TIにとって、企業で重要なのは規模、成長、収益力だけであり……ＴＩにとって、企業の規模が拡大しさえすればよい。製品の質が低くても、技術の進歩に貢献しなくても、問題ではない。ＨＰにとって、技術の進歩に貢献しない成長は意味がなかった。[1]

このようなビジョンの比較対照が、次々と繰り広げられる。コリンズとポラスは、「コア・イデオロギー（基本理念）」に言及するとともに、完璧に「正しい」理念が存在しないことを力説している。正しい理念は「利益を超える」ビジョンの有無で決まり、社員に方向性をもたせる。シティコープの「自治と起業」という価値観も、ジョンソン＆ジョンソンの「会社は、痛みと病気を軽くするために存在する」という基本理念も、同様に意義深いものである。ビジョナリー・カンパニーの理念には、倫理的な要素の存在がどの企業でも大きかった。コリンズとポラスがビジョンと考える企業理念のモラルの例を次にあげる。[2]

●３Ｍ……誠実に徹する。

●ＧＥ……技術と革新によって生活の質を向上させる。

●ヒューレット・パッカード……われわれが携わる分野の技術の進歩に貢献する（「われわれは貢献する企業として存在している」）。会社の成功を共有する機会をつくるなど、ＨＰの社員を大切にし、機会を与える。活動する地域社会に貢献し、責任を果たす。利益と成長は、それ以外のすべての価値や目標を可能にする手段である。

1〜2★『ビジョナリー・カンパニー ── 時代を超える生存の原則』山岡洋一訳、日経BP出版センター、1995年から引用。

●IBM……従業員に十分配慮する。顧客を満足させるためには時を惜しまない。最善をつくす。

●ジョンソン&ジョンソン……当社は「痛みと病気を軽くするために」存在している。「われわれの責任には序列がある。一番目が顧客、二番目が従業員、三番目は社会、そして株主は四番目である」

●モトローラ……当社は「質の高い製品とサービスを適正な価格で顧客に提供することによって、地域社会に貢献する名誉ある役割を担うために」存在している。アイデア、質、顧客満足度など、すべての面を絶えず改善する。従業員をひとりの人間として尊重する。事業のすべての面で正直であり、誠実であり、倫理を守る。

●ノードストローム……高い評価を得て、特別な集団の一員になる。

●ソニー……技術を進歩させ、応用し、革新を起こして、国民の生活に活かすことに真の喜びを感じる。日本の文化と地位を高める。個人の能力と想像力を尊重し奨励する。

●ウォルト・ディズニー……皮肉な考え方は許されない。一貫性と細部にあくまでもこだわる。「何百万という人々を幸せにし」、「健全なアメリカの価値観」を讃え、はぐくみ、広める。

コリンズとポラスのデータは、企業の強固な倫理性は長期的業績と矛盾することなく大きく貢献するという趣旨を明白に裏づけるものだった。

すべてのステークホルダーに配慮する

良き企業市民であることと事業成功の正の相関関係を示す研究は他にも多い。一九九六年にワドックとグレイヴスは、企業の社会貢献と、総資産利益率、売上高純利益率、自己資本利益率などの指標とのあいだに正の相関関係が見られると報告している。彼らは社会貢献を、企業が株主に対して行うのはもちろん、その範囲を他の重要なステークホルダー（顧客、社員、地域社会）にまで広げた。[1] また、最近のハーバード大学の長期的な研究によれば、「各ステークホルダーとの利害関係のバランスに優れた」企業は、株主志向の企業よりも、成長率で四倍、雇用数の伸びで八倍に達していた。[2]

この研究では、倫理性と長期的な高業績の正の相関関係の原因を、「目的」を持つ会社に社員が感じる情熱とプライド以外にもいくつか示している。企業の広範なレピュテーション（評判）と、それが消費者の購買行動に与える影響もその一つである。大多数の消費者は、銘柄や購入店を切り替えるときには、倫理性の高い大義を重視することが数多くの調査で明らかになっている。消費者は、単にその大義に共鳴しているだけではない。ある領域における倫理性（たとえば、「環境保護の重視」）は、他の領域（たとえば、「製品品質」）に関する評価にも好影響を与えるのだ。少なくとも現代のマーケティングでは、倫理性は自社ブランドを競合他社と差別化するのに役立つ。

1★Waddock, S. A. and Graves, S. B. "The corporate social performance-financial performance link." *Strategic Management Journal. 18*, no. 4, 1997, pp. 303–319.

2★www.bsr.org/BSRResources/index.cfm. で閲覧したCited in Business for Social Responsibility Web site, White Paper, "Introduction to Corporate Social Responsibility"より引用。

また、倫理性を具体化することは、有形の金銭的利益を生む。高品質の製品とサービスは、新たな顧客を惹きつけ、既存の顧客を離さない。手厚い社員待遇も然りである。また、企業の積極的なコミュニティ・リレーションズ（地域社会との良好な関係の構築）が、企業イニシアティブへの地域社会のサポート、あるいは企業とその利益に対する敵対行動から守ることにつながった例は枚挙にいとまがない。

積極的なコミュニティ・リレーションズが効果を発揮した例として、一九八七年のダート・グループによるデイトン・ハドソン・コーポレーション（ミネアポリス）の買収がある。デイトン・ハドソンは、税引き前利益の五%を慈善事業に寄贈しつづけたことで、良き企業市民として崇拝の的となった。一方、ダート・グループは、飽くことなき企業乗っ取り屋として広く知られていた。デイトン・ハドソンはダート・グループからの敵対的買収に抵抗するなかで、一〇〇年以上にわたって築き上げてきた地域社会の善意を味方につけ、多大な支持を取りつけた。ミネソタ州では臨時州議会が招集され、同州における買収時機と買収企業について定めた法改正を可決し、デイトン・ハドソンの企業防衛に大きな役割を果たすこととなった。

一方、社会的に著しく無責任で非合法的な企業行動が、株主価値を損なう例も数多い。非倫理的・非合法的な二七件の企業行動に関する一九九七年のある調査によれば、いずれも株主の利益を大きく損失させる結果に終わっている。[3★] 昨今の企業スキャンダルでも、この事実は変わらない。モラルの羅針盤をなくした最近のビジネス・リーダーは、何億ドルにものぼる株主価値を破壊し、おまけに「社員価値」までも地に堕とした（雇用喪失、年金残高の目減りまたは喪失）。

3★Frooman, J. "Socially Irresponsible and Illegal Behavior and Shareholder Wealth." *Business and Society*. *36*, no. 3, September 1997, pp. 221–249.

要するに、事業の収益性とは、短期の金儲けだけでなく、長期の収益性を支える主なステークホルダーすべてと健全な信頼関係を築くことである。会社が追求すべきは、自発的にサービスを買ってくれる顧客、持てる能力すべてを会社に注ぎ込んでくれる社員、真の「パートナー」としての自覚を持ったうえで最高の資材を納期どおりに納入してくれる仕入先、会社の合法的な事業利益を力強く支えてくれる地域社会なのである。こうした関係の重要性は、短期的な視点からは見えにくいかもしれない。また、業績の好調な時期には、その必要性を感じることもないだろう。しかし、業績を長期に維持するためには、また業績が悪化に転じた際にはきわめて重要だ。企業がステークホルダーを軽視することは、大きな過ちである。

ステークホルダーとの倫理的な関係について抱く社員の思いが、**自分自身**と会社との関係に持ち込まれても、何の不思議もない。給与、諸手当、雇用保障、物理的な安全性など基本的な労働条件における公平感が、彼らの欲求のなかで大きな位置を占めることはすでに触れた。特に、工場労働者は伝統的に安全性の問題を重視する。

連邦政府から州政府や地方自治体レベルに至るまで、安全性の保護を目的とした法規は多数あるにもかかわらず、違反行為が繰り返されている。一方、アルコアがポール・オニール前CEO（のちの米国財務省長官）のリーダーシップのもと、異例の安全基準をまとめた先進的な例も存在する。企業目的と基本理念の文書化をビジネスの成功につなげる決定要因を考えるうえで、CEOのリーダーシップは重要である。アルコアの安全性達成におけるオニールの功績は、非常に参考になる。

彼は会社を引き継いだときに、まず安全基準の大幅な改正に着手する旨の発表を行っている。

私は着任当日に、社員が就業時間中に人身事故に遭うようなことが断じてあってはならないと申し上げました。互いに思いやりを持つことに対して、世の中では皮肉と不信が蔓延していますが、そのとおり社員の反応は冷やかなものでした。また、役員たちからは、当社の安全性達成度は、傷害事故による欠勤日数の低さから見ても、世界でも上位三分の一に入っていると聞かされました。その当時の標準的な平均欠勤日数は、社員一〇〇人あたり年間五日でしたが、当社の一九八七年の平均欠勤日数は一・八七日であり、社員はそれを非常に誇りに思っていたのです。私に面と向かって言う人はいませんでしたが、「業績が下降したら、すぐに引っ込めるに決まってる。アルミ作りのことなんか何もわかっていないのに、安全性に口を出すなんてどういう神経だ」などという声が伝わってきました。

そこで、工場の現場を回って具体案をまとめることにしました。最初に訪れたのはテネシー州の工場で、管理職や組合の代表者を交えた四五人で昼食会を持ったあと、社員が事故に遭うようなことは許されないと言いました。優先順位の問題ではなく、絶対的な前提条件だと説明したのです。さらに工場の管理職には、「本日より、安全性を高める目的で行う施策については予算編成手続きを免除する。安全性に寄与することがはっきりした時点で、即刻実行に移してくれ。来年度の予算が承認されるまでは幸運を祈りますなどという言い訳は聞きたくない」と申し渡しました。さらに現場の社員には、「管理職が私の指示に従わないようなら、自宅に電話してもらってかまわない」と伝えました。管理職の連中は私が電話番号を知らせるのを本気で恐れていましたが、実際に教えました。その後、頻繁ではありませんが何回か電話がありました。自分たちのアイデアが却下されたことを訴えたかったようです。もちろん、それについても対処しました。

——二〇〇二年六月、ミネソタ州カールソン・スクール・オブ・マネジメントでのスピーチより

オニールが引退する二〇〇〇年のアルコアの傷害事故率は、着任した一九八七年の十分の一にまで下がった。同社組合のジョージ・ベッカー委員長をして、「言行一致で、信頼できる男」と言わしめたのだった。

オニールの安全性に対する考えを聞けば、法令遵守や一般に受け入れられている慣習、倫理規範も、彼には満足できるものではなかったことがわかる。社員から情熱を引きだす企業には、そこからもう一歩先に進み、ステークホルダーの真の代弁者として行動することが求められる。倫理性へのコミットメントとは、企業経営の付属品でもないし、企業経営を制約するものでもない。営業や戦略上の意思決定に不可欠なものだ。

オニールにとって安全性とは、それ自体重要であることはもちろん、彼なりの洗練された経営手法なのである。ニューヨーク・タイムズのレズリー・ウェインはこう伝えている。オニール

は、「コスト・人員削減に頼るのではなく、生産性改善と安全性向上を優先順位のトップに掲げるという手法で利益を追求したのだ。妥協のない安全性の追求は、最終損益にも好影響を与えることとなった。管理の不備が原因で社員が怪我する恐れのある生産工程から、コストを無駄にせずに良質の製品を能率よく生み出すことなどできるはずがないと言うのだ」[1★]

オニール自身に言わせると、次のとおりだ。

> 私にとっては、安全性の問題ではなく、リーダーシップの問題なのです。真に偉大な企業では、社員が重要な価値基準を十分に理解したうえでその価値基準を追求するという、私の信念の問題なのです。国が違っても、このことが変わることはありません。
>
> ——二〇〇一年の全米安全サミット（National Safety Summit）における挨拶より

オニールの在任中に、アルコアは事業規模がほぼ三倍、株主価値は四〇億ドルから三二〇億ドルへと飛躍している。

企業の倫理へのコミットメントや社会的責任に関する発言や行動には、偽善の匂いを感じさせるものもあることは、もちろん承知している。よく見受けられるのは、社会に対しては特に高潔な顔を見せておきながら、社員、顧客、投資家などのステークホルダーに対しては手のひらを返したような対応を見せるケースだ。デイヴィッド・ヴォーゲルはウォール・ストリート・ジャーナル紙でこう指摘している。

1★Wayne, L. "Designee Takes a Deft Touch and a Firm Will to Treasury." *New York Times* (Late Edition (East Coast)). New York, NY: Jan. 16, 2001, p. Al.

エンロンは模範的な企業市民として長く知られていた。会社も経営陣も、ヒューストンの地域団体にとって寛大な後援者であり、インドでは政府官僚に贈賄におよぶことなく発電所を建設したことでも、世界の耳目を集め……。また、代替エネルギー開発へ投資を行い、環境問題の専門家を喜ばせてもいる。1★

ここでの教訓はもうおわかりと思うが、企業の基本理念を判断するには、**すべて**のステークホルダーに対する行動を考慮に入れなければならないということだ。すべての企業がすべての利害関係において卓越する必要はないが、一部のステークホルダーには高潔な表の一面を見せ、残りに対して不道徳な裏の一面を見せるのでは、信望とはまったく逆のものしか手に入らない。もちろん、社員は現実を冷静に見つめている。

「偽善を感じる。他の会社の失敗に学ばないと。第二のエンロン、第二のワールドコムにならないように、コア・バリューに立ち返らないといけない。この会社の最大の資産は社員であることを再認識しよう」

「インチキな能力を上役に誇示するのにご執心の特定のリーダーが繰り広げる奸策と偽善（真の不誠実さ）に立ち向かわないといけない。今月の数字を実際より低く報告している。来月の数字を実際より良く見せるためだ」

1★Vogel, D. "Recycling Corporate Responsibility." *The Wall Street Journal*. August 29, 2002 (in Manager's Journal), p. B2.

「経営者が偽善的だ。率直な意見を求められたので、批判的な考えを述べたら、不満分子だと思ったらしい。気に入らないなら、よそへ行けという感じだった。とにかく意見を出せと言うから言ったまでなのに。率直なのも良し悪しだ」

ビジョンをどう表現するか?

意図に反して、馬鹿げたものになるミッション・ステートメントは多い。お客さんをいつもないがしろにしながら、顧客サービスを看板にしている会社。従業員に対し、いや顧客に対する敬意すら払っていないのに、従業員参加型経営に熱中する会社……いずれの場合も、冷静にものごとを判断できる社員なら、目標を達成できる日は、「ブタが空を飛ぶ」ようになる日と同じくらい遠いことを知っているだろう。

——アイリーン・C・シャピロ著、『勇気ある経営』[2★]より

大多数の企業にとって、「目的」「使命」「ビジョン」「価値」を表明した公式文書はお馴染みのものであろう。しかし、我々の調査では、得てしてこれらの文書の有効性に対して社員は懐疑的だということが明らかになっている。こうした文書には、社員を指揮し、鼓舞する大きな

2★『勇気ある経営——最新経営イノベーション手法を超えて』仁平和夫訳、日経BP社、1996年から引用。

可能性を秘めていることを考えれば、恥ずべきことである。個人が努力するうえで、何よりも重要な目的意識と日々の仕事における基本的な判断基準となるにもかかわらず、それが空虚な美辞麗句であることが露見すれば逆効果でしかない。

文書を確かなものにする努力を怠れば、無益な結果に終わる。少なからぬ時間が注ぎ込まれ、経営陣の関わりも大きかったはずなのに、その効果がほとんど見えてこないことを、社員は疑問に思っている。この種の文書を空疎なものにしないための条件を三つあげてみよう。

❶ 経営陣が自ら情熱を持つ

「倫理性」を宗教的な修養のテーマで終わらせないためには、経営陣の側に、感情的なことと経営上の判断の二つが求められる。

まず感情的なレベルでは、経営陣（特に、ＣＥＯ）に、金銭的利益への熱意以上に、社員や製品に対する熱意が求められる。熱意ある経営陣であれば、短期的収益がどうであろうが、粗雑な製品を作り、社員などのステークホルダーとの関係が不適切な会社であることに甘んじるはずはない。これは、彼らが会社としての姿を快く思うか思わないかという個人レベルの気持ちの問題である。彼ら自身の倫理観は高く、会社以外ではそれを実践できているかもしれない。しかし、彼ら個人が会社としての「倫理性」にプライドを感じないなら、企業目的と基本理念の実現など不可能だ。

一方、経営判断の問題は、倫理性と収益性の長期的な関係に関わる。より高い目標の追求が事業に大きな恩恵をもたらすことを経営陣が認識すれば、個人の価値、熱意、プライドも大きく向上される。だが、企業目的を定義する倫理基準は単純明快なものではなく、その曖昧さゆえに、経営陣がステークホルダーに対する倫理面の義務を遂行することに対して、その重要性を十分認識する前に安易な道を選択しがちである。コスト削減の必要性のようなビジネス上の目先の窮境は、倫理性における判断をしばしば蹂躙する。カスタマー・サービスにプライドを持っていた企業がカスタマー・サービス部門のコスト・カットを迫られる、あるいはカスタマー・サービス改善の追求を、そのコストを考慮してやめざるをえなくなることもある。

しかし、長期的な倫理性が、単なるモラルやプライドの問題ではなく、営業上の至上命題と考えたらどうだろう。優れた経営者は最終的に、可能なかぎり**両方**の大義の両立を模索すること、つまり、顧客満足度の低下を最小限に留めながら、カスタマー・サービスのコストを下げることを目指す。実際、ＴＱＭ（総合的品質管理）の潮流においても、コスト削減が**より高い**顧客満足をもたらした事例が珍しくない。

倫理性の実践とは、本業の傍ら、一貫性のない行動や単発的な売名行為、またときたま顔を出すビジネスの「良心」のコレクションではいけないのだ。それは、経営方針、経営慣行、経営施策のセットでなければならない。それは、企業目的と関連性を持ち、企業の価値体系を反映することで、すべてのステークホルダーと良好な関係を築くものでなければならない。

世界中で人気のコーヒーショップ・チェーンのスターバックスが良い例である。創業者兼CEOのハワード・シュルツの倫理哲学は、社員保護（パートタイム社員に医療保険を供与した最初の企業だった）、識字教育、環境保護にまでおよぶ。シュルツの倫理観は彼自身に利益をもたらしたのはもちろん、社員のプライドを大きく醸成する結果となった。[1★]

❷ 明快かつ具体的に表現する

倫理性への純粋なコミットメントを実現するためには、企業目的と基本理念をどう表現すればよいのか。まず、企業目的について、三つのガイドラインを示す。

1　実務に則したものであること。漠然としたもの、または陳腐な決まり文句ばかりでは意味がない。

2　単純明快であること。前提条件や些事を廃し、会社の理想像の核心に迫ったものであること。言葉が多すぎると、核となるメッセージが不明瞭になる。

3　金銭的な利益以外に価値を見出せるもの（特に、製品・サービスの有用性と品質）を社員に啓発するものであること、その価値達成に向けたエクセレンスを促進するものであること、特別な存在、また他社とは著しく異なる「選良」であるという意識を鼓舞するものであること。

1★Schultz, H., Yang D. J., and Conger, E. "*Pour Your Heart into It: How Starbucks Built a Company One Cup at a Time.*" New York: Hyperion. 1997.

基本理念（企業目的の達成へと導く価値基準）に関しても、この三つのガイドラインに可能なかぎり沿うべきである。必然的に、企業目的よりも詳述されることになるが、表現はあくまで簡潔さを失ってはならない。また、その表現は、その業界共通の問題や環境を反映するものであるべきだ。

基本理念の公式文書はしばしば、一般的な「倫理」の枠を超え、その企業の望ましい内なる文化を活写している。つまり、誠実さだけでなく、開放性、権限委譲、協調性、多様性、創造性などの社内環境への欲求を強調しているのだ。事実これらは、倫理面への配慮によって得られる場合が多い。権限委譲は人を尊重することの副産物として生まれ、開放性は誠実さと透明性へのニーズを追求した結果である。

ジョンソン&ジョンソンの有名な「我が信条」を読んでみよう。[2]

我々の第一の責任は、我々の製品およびサービスを使用してくれる医師、看護師、患者、そして母親、父親をはじめとする、すべての顧客に対するものであると確信する。顧客一人一人のニーズに応えるにあたり、我々の行なうすべての活動は質的に高い水準のものでなければならない。適正な価格を維持するため、我々はつねに製品原価を引き下げる努力をしなければならない。顧客からの注文には、迅速、かつ正確に応えなければならない。我々の取引先には、適正な利益を上げる機会を提供しなければならない。

2★日本法人オフィシャル・サイトより引用。
http://www.jnj.co.jp/entrance/credo.html

我々の第二の責任は全社員——世界中で共に働く男性も女性も——に対するものである。社員一人一人は個人として尊重され、その尊厳と価値が認められなければならない。社員は安心して仕事に従事できなければならない。待遇は公正かつ適切でなければならず、働く環境は清潔で、整理整頓され、かつ安全でなければならない。社員が家族に対する責任を十分果たすことができるよう、配慮しなければならない。社員の提案、苦情が自由にできる環境でなければならない。能力ある人々には、雇用、能力開発および昇進の機会が平等に与えられなければならない。我々は有能な管理者を任命しなければならない。そして、その行動は公正、かつ道義にかなったものでなければならない。

我々の第三の責任は、我々が生活し、働いている地域社会、更には全世界の共同社会に対するものである。我々は良き市民として、有益な社会事業および福祉に貢献し、適切な租税を負担しなければならない。我々は社会の発展、健康の増進、教育の改善に寄与する活動に参画しなければならない。我々が使用する施設をつねに良好な状態に保ち、環境と資源の保護に努めなければならない。

我々の第四の、そして最後の責任は、会社の株主に対するものである。事業は健全な利益を生まなければならない。我々は新しい考えを試みなければならない。研究開発は継続され、革新的な企画は開発され、失敗は償わなければならない。新しい設備を購入し、新しい施設を整備し、新しい製品を市場に導入しなければならない。逆境のときに備えて蓄積をおこなわなければならない。これらすべての原則が実行されてはじめて、株主は正当な報酬を享受することができるものと確信する。

絶賛されるのも当然である。明快で、実務に則し、インスピレーションに満ちている。これを四〇年代半ばに明文化したのは、当時のCEO、ロバート・ウッド・ジョンソンだったが、その後のジョンソン&ジョンソンの実務と社員の方向性に計り知れない影響を与えた。おそらく、一九八二年のタイレノール事件が最も有名だろう。毒物を混入された頭痛薬タイレノールを服用後に、七人が亡くなった事件である。同社は、速やかにタイレノールの生産を停止し、市場からタイレノールを全品回収したのだ。当時の会長、ジム・バークは次のように述べている。「最初の重大な決定までのあいだに一度も会議を持っていなかったことに、タイレノール危機が収拾したあとになって気づいた。全員がやるべきことを理解していたというわけだ。〈我が信条〉のおかげだと思う[1★]」

❸ 実務に落とし込む

企業の目的やビジョンを示した文書を形骸化させないためには、経営陣の情熱と、明快かつ具体的な表現に加えて、ビジョンを実務に反映させる具体的な方法論が必要である。

1★Kahaner, L. "How Their Mission Statement Helped Johnson & Johnson Survive the Tylenol Crisis"; found at www.kahaner.com, excerpted from Jones, P. and Kahaner, L. *Say It & Live It: 50 Corporate Mission Statements That Hit the Mark*, First Edition. Currency Books. May 1, 1995.

美辞麗句を実務に落とし込むための秘伝など存在しない。必要なのは、次のようなことだ。

- 経営陣、特にCEOが、強力かつ明確なサポートを行う。
- 明快で、実施可能で、強制力を持つ方針を確立する。
- 方針を実行可能にする社内プロセスを整備する。
- 方針とその期待される成果を社員に周知徹底する。
- 方針を業務に生かすために社員を教育する。
- 社員が方針を実行するのに要するツール（権限を含む）を整備する。
- 方針を実行するための方法論の考案に、社員を参加させる。
- 成果を評価する仕組みを確立する。
- 成果に基づく報酬制度を整備する。

具体例で考えてみよう。フェデラル・エクスプレスは一九九〇年にマルコム・ボルドリッジ国家品質賞[1★]を受賞しているが、それ以前から、同社のカスタマー・サービスの優秀性は知られていた。「納期一〇〇%達成で、顧客満足度一〇〇%」を求めているフェデックスの品質方針の出所はもちろん、創業者兼CEOのフレデリック・スミスだった。きわめて明快なこの方針は、実際にどう運用されたのか。[2★]その一部は次のとおりだ。

1★米国の競争力の向上を目的に、その設立に尽力した商務長官の名を冠してレーガン政権のもとで創られたもの。創造的で、かつ継続的に、顧客が満足するクォリティ改善、その実施度合の評価、そしてその改善領域の発見のための優れた経営システムを有する企業を、大統領自らが、毎年製造部門、サービス部門、中小部門の3部門から最高6社に賞を与えるもの。

2★Hude, H. "Quality in the Service Sector, Proceedings of the 1991 Making Statistics More Effective in Schools of Business (MSMESB)." The Wharton School, Univ. of Penn., 1991; See also Smith, F. "Customer Satisfaction: A Job That's Never Really Done." J. D. Power & Associates Customer Service Conference. Santa Monica, California. November 13, 2003.

●次の二点を顧客に約束する。貨物の配達時間に六〇秒以上延着したら、顧客から料金を受領しない。顧客が貨物の配達状況調査を依頼してから三〇分以内に回答できなければ、顧客から料金を受領しない。

●配達情報システムへの数百万ドル規模の投資を実施する。（「その貨物がどの旅程にあろうが、我々が位置を追跡できることで、顧客は安心感を抱く」）

●経営品質委員会が品質プロセスを監督する。品質管理者と社員側のファシリテーターを選任する。

●サービス品質指標（ＳＱＩ）で、十二カテゴリーのサービスの**不具合**（配達時間延着、配達日ミス、集荷ミス、貨物破損、顧客からの注文停止など）を評価する。

●ＳＱＩカテゴリー別の十二の対策チームが、原因究明と再発防止にあたる。責任者は、担当役員とする。

●各エリアの航空機と車両の夜間定時運行を毎日維持するための情報交換を目的として、全エリアの組織横断型チームが定期会議を持つ。

●品質に関する特定プロジェクトは、品質管理活動チームが担当する。

●定期的に顧客調査（四半期あたり二四〇〇件の電話調査）を行い、顧客のニーズ、満足度、不満足度を把握する。

●問題を組織的に洗い出すために、定期的に社員調査を行う。（「顧客満足度を最大化するためには、社員の幸福を維持する必要がある。社員が会社に誇りを持っていないことを、顧客は敏感に感じとる……」）

●社員への権限委譲の目的は、顧客を満足させることにある。（フレデリック・スミスはフェデックスの社員について、こう述べている。「社員は、毎日顧客奉仕に腐心している。彼らは天候に関係なく移動し、貨物を配達する。どれも大切な荷物だ。彼らは粘り強く顧客の問題を解決する。問題が起こればその原因を洗い出し、再発を防止する。社員の能力、創意工夫、コミットメントこそが、我々の品質基準を、目標である顧客満足度一〇〇％に限りなく近づける力となる」）

●配達員および営業所員に対し、六週間の集中接客研修を実施する。

●社員満足度、サービス品質、売上の目標を設定する。

●目標達成度に基づくボーナスを付与する。

フェデックスの品質へのこだわりは、企業目的が実務レベルで実現した好例だ。では、業績に効果は出ているのか。一九九一～二〇〇〇年までのボルドリッジ賞を受賞した米国の上場企業に対する仮想の株式投資ファンドのパフォーマンスを表す「ボルドリッジ指数」を使った研究がある。それによれば、S＆P五〇〇を参考に投資するよりも、ボルドリッジ賞の受賞企業に投資したほうが、収益率がつねに三～四倍上回っていた。ドン・エヴァンズ商務長官は次のように述べている。

「株式市場の冬の年［二〇〇一年］以降も、ボルドリッジ指数は八年連続でS＆P五〇〇を上回り、特に技術銘柄に関しては優位性を保っている。株式市場におけるパフォーマンスは成功を評価する一つの目安にすぎないが、あらゆる面でエクセレンスを追求する企業こそが、最終

損益などで良い結果を出すということが、これらの研究で明らかになった」[1★]

顧客がステークホルダーとしてきわめて重要なのは当然だが、相手は顧客だけではない。フェデックスが対顧客において実践した事例は、仕入先、投資家、地域社会といった他のステークホルダーに対しても実践された。いかなる場合でも、その基本が変わることはないのだ。

●企業目的と基本理念は、経営陣の信念から発せられたものでなければならない。

●その文書は、本格的な実践計画のもとに取り組まなければ、形骸化するだけである。

1★「ボルドリッジ指数は、S&P 500を1～5倍近く上回った」2000年2月25日発表の米国立標準規格技術研究所（NIST）プレス・リリースより。

7 達成感を与える ❷権限委譲

我々がマネジメントと呼んでいるもののほとんどは、社員の仕事の達成を妨げるものの集合体だ。

ピーター・F・ドラッカー

一日の仕事が終わると、その日の達成感を感じたいのが人情だ。工場労働者なら、一日の大半を機械の故障やサービスマンを待つのに費やし、低い生産性で終われば、良い気分ではないだろう。役員なら、延々とつづく会議で目立った成果が上がらなければ、うんざりするだろう。職位に関係なく、働く人が何の成果もなく一日を終えれば、充足感を味わえない。

この常識的な考察を裏づけるデータには事欠かないが、定性データにも耳を傾ける必要がある。実にいろいろなタイプの障害が存在するのだ。

「**数字を追いかける**あまり、製品を見ていない。スピード優先。不良品だろうが、とにかく動いていることが大事」

「とにかく、**やることが多すぎて**品質を下げている。仕事と家庭を両立できず、大きなストレスを感じる」

「他部署との**協力関係がない**。社員はみんな自分の部署の顧客重視で、こっちの客に関することで協力を求めても、優先順位は低い」

「我々の方向性、果たすべき役割、責任に関して、経営者や管理職からは**ほとんど何も伝わってこない**」

しかし、仕事が良い方向に運べば、社員は達成感を感じ、勇気づけられる。

「この会社の優位性とは、私レベルの人間にも**権限委譲**を認めているところだ。形式主義も、不必要な遅延も、時間の浪費も、無駄なプロジェクトも、不要な報告書もない。経営陣はよくやっていると思う」

「うちのグループのマネジャーには、独自の管理スタイルがある。**個人の創造性、知識、才能を最大限に発揮できる……問題解決にはチームワークでのぞむ**文化がある。おかげで、どんなプロジェクトにも誇りと達成感を感じる。しかも、スポットライトを浴びる主役になろうとはせず、拍手を送る側にいる。こういう上司に恵まれているからこそ最高の職場だと思うので、感謝している」

「この会社の強みは、社員が個人ベースで**顧客対応に積極的**な点だ。顧客のほうも、うちを選ぶことに安心感を持つし、私も気持ちよく働ける」

我々の調査では、業務遂行に対する社員の考え方に、二つのばらつきが確認された。第一は、対象企業によって大きな隔たりがあった。たとえば、平均五七％の社員が会社のマネジメント手法を好意的に見ていたが、その変域は二四％から九二％と大きな幅が見られた。

第二に、興味深いことに、最も満足度が高い項目が「自分の仕事に期待されている到達目標をはっきり把握できている」の八四％だったのに対して、最も低い項目は「官僚主義がないこと」の三九％だった。つまり、業務遂行にあたって、何をすべきかという情報の欠如が問題なのではなく、組織自体が障害となることが問題なのだ。故意でなくても、意思決定プロセス自体が、**あらゆる**タイムリーな意思決定をきわめて難しくする結果を招いているケースである。

では最大の障害は、組織のどこにあるのか。社員は、「職場」と「会社全体」という組織の両極に対しては好意的な傾向にある。「職場」は、成果の透明性、上司の能力、同僚のスキル・能力、そして職務そのものである。「会社全体」は、収益力、会社が顧客に提供する製品・

サービスの品質、会社の倫理性である。つまり社員は、問題の所在はその「中間のどこか」にあると考える傾向があるのだ。その「中間のどこか」とは、社内の各部署間の連絡調整や管理を行っている場所を指す。社員が「官僚主義」を批判するとき、その悪役は上司やＣＥＯではなく、中間管理職や財務やＩＴ関連の専門知識を持ったスタッフ部署であることが多い。そして、往々にして自分のではなく他の部署で起こった問題を見て、その責任者や自分の上司を含む中間管理職の無策ぶりを槍玉にあげる。組織の混乱に対する不満は、関係部署を分断する非効率的な業務プロセスから生まれることが多い。

本章は、パフォーマンスにとって最大の障害と目される「中間組織」に多くを割いている。社員の情熱を引き出した会社とそうでない会社は、そこが違うのだ。

不滅の悪、官僚主義を超えて

とてつもない化け物だ。敵ではないし、書類を攻撃するわけにもいかない。

――ジョゼフ・メトカーフ米国海軍退役提督

海軍の最新鋭フリゲート艦隊に乗船の際に、二〇トンもの書類キャビネットを目の前にして社員は、官僚主義を職務達成の大きな障害と考えている。では、彼らが嘆いている官僚主義とは、どういうものか。

まず、決裁承認プロセスがある。それは、決定を不必要に遅らせ、決定の質を損ない、そもそも社員と彼らの判断能力を信頼していない。また社員は、執拗なまでの規則とその強制的な執行に対しても、企業目的や変動する環境への適応能力への集中を散漫にさせるものと考えている。結果に対する執着ではなく、手段に対する執着に見えることが、社員をさらに苛立たせる。また、機能的分業が引き起こす問題でも、官僚主義が言及されることが多い。各専門集団は自分たちのゴールのみに目を向け、専門集団間の境界線が相互の協力を妨げている。

こうした官僚主義が軽侮されるのは当然である。しかし、権限を明確に規定した権力構造なしに、あるいは権力行使を躊躇しない経営者や管理職の存在なしに、会社は存続できるのだろうか。不可能だ。官僚主義の撲滅を求めることは、すなわち混乱と無能な組織を求めることである。[1] 指揮監督の**不在**に関する不満の声も少なくなかった。

「組織が支離滅裂だ。答えが返ってくるような気がしない」

「マトリックスの組織構造が混乱の元だ。誰もが私に指示を出してくるが、その人たち同士で言っていることが食い違う。全員の指示どおりにはできない。誰の指示に従えばよいのかわからない」

1★階級構造についてのもっと高度な擁護論であれば、Jacques, E. “In Praise of Hierarchy.” *Harvard Business Review*. Jan.-Feb., *68*, no. 1, 1990, pp. 127–133.を参照。

「ここの責任者は誰？　誰も責任を負おうとしない。トップからして決断力がない。リーダーシップなど存在しない。責任回避あるのみ」

社会心理学の集団行動研究では、リーダーシップを「独裁者型」「自由放任型」「民主主義型」の三つのタイプに分類しているが、我々は三番目のタイプを、「社員参加型」と呼ぶことにした。民主主義では通常そのリーダーは集団内から選挙で選ばれるが、その考え方は企業の労使関係では少々非現実的であるからだ。リーダーが選ばれる過程が重要なのではなく、リーダーの指導力が重要なのである。

独裁者型の特徴とは、威圧的管理、硬直性、規律と懲罰こそ社員管理に最も有効な手段であるという信条である。管理職は強迫観念に捕われ、必要以上に細かい管理に徹するようになり、些末な事柄に対する決裁などの過剰な官僚主義が形成される。管理職個人レベルでも組織構造レベルでも、独裁者型の根底にある考えとは、基本的に社員を信用せずに、トップダウンによる徹底した管理があって初めて社員の能力と自発性が引き出せるという信念である。

独裁者型は、必ずしも社員の経済的幸福に対して無関心でも敵対的でもない。事実、温情主義的経営の企業では、給与、諸手当制度、雇用保障などの社員待遇は良好である。しかし、その「パパは何でも知っている」といった態度ゆえに、実際の経営に独裁的体質が色濃く反映されることが多い。いわば善意の独裁制だ。

その対極をなすのが、「社員のやりたいようにやらせる」自由放任型である。自由放任型の管理職は社員から離れて、社員の仕事を指揮することも助言することもない。こうした「弱い」管理職は、独裁的管理職に負けず劣らず社員の仕事を阻む。

組織構造レベルにおける自由放任型は、「反官僚主義」ともいえるが、我々は、純粋な形の自由放任型の企業はないと考えている。放任的な管理職は、月並みな部署に誰も目を留めることのない好都合な時期であればしばらくは生き残るが、業績が厳しい時期であれば、居場所はなくなる。

自由放任型と独裁者型に取って替わるのが、**交流**を特徴とする社員参加型マネジメントだ。**図1**では、三タイプのマネジメントを図で示した。独裁者型はトップダウン、自由放任型はボトムアップ、社員参加型マネジメントはトップダウン、ボトムアップの両方である。

図1の社員参加型マネジメントで下を向いた矢印は、伝統的なトップダウン型マネジメントの理念が、ある程度重要だということを表している。なぜなら、企業と社員には、経営者の明確かつ断固たる指揮が必要だからである。それは、明確な責任分担、職務権限、職務分掌であり、また、義務・責任、指揮系統の一本化、決裁プロセスの透明化、社員の受容できる行動規範を定める規則に均等に目配りできる職権者の存在を意味する。

しかし、原理としてのトップダウン主義は、もう一方の対極の結果に終わるおそれがある。それこそ、我々が嫌悪する官僚主義とその信奉者がもたらす問題の核心である。たとえば、断固たる決断は、ときには部下の意見を聞き入れないことにつながるだろう。組織を指揮した結果、熟練した社員に仕事の進め方について一から十まで口を出し、ほんの些細な変更や判断に

図1　マネジメントの3タイプ

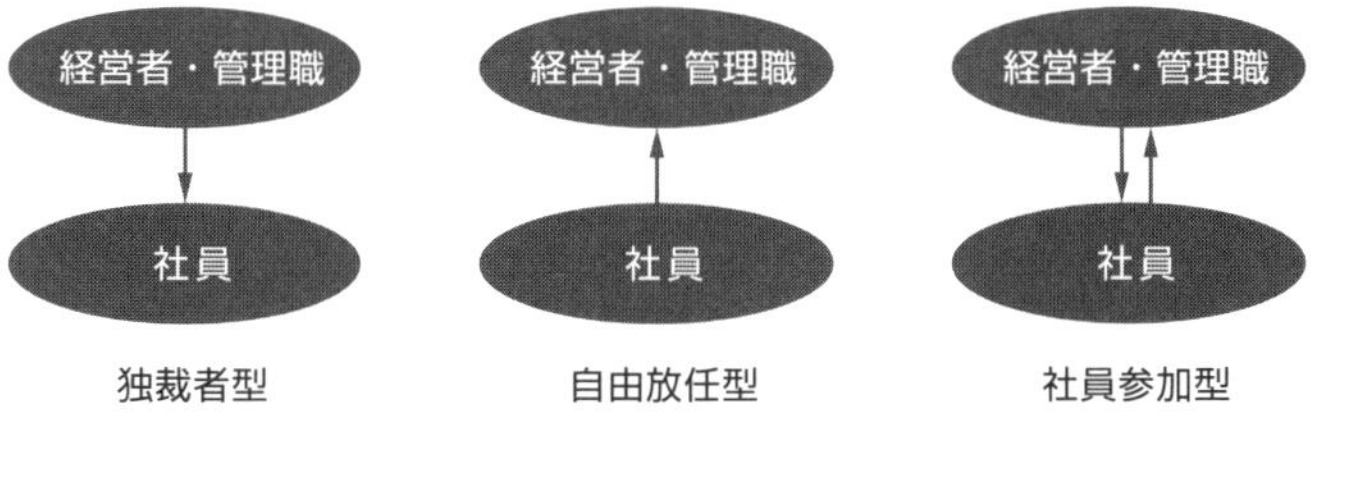

も承認を求めるような管理に姿を変えるかもしれない。また、責任と義務の規定が部署間の境界線を際立たせ、協力しあって何かを成し遂げることを不可能にさせるかもしれない。

つまり、**社員と会社の双方にとって、そのニーズに見合う適正なレベルの秩序が必要なのだ。**機械オペレーターは会社や部門の戦略を策定する能力が自分にあるとは考えていない。だから、それをうまくやれるリーダーを望んでいるのだ。その代わり、彼らは機械の操作ならできる。機械の作動効率の改善や、パフォーマンス向上のための職場環境と作業手順の改善に関してなら、いろいろなアイデアを持っていて当然だ。社員の仕事ぶりや休憩時間のようなつまらないことが気になって仕方がない管理職は、本来すべき計画策定や進捗管理、カウンセリング、連絡調整など、社員の職務遂行の支えになることを疎かにしているのである。

社員が自ら経営に参画する

独裁も放任もスタイルこそ違え、圧倒的多数の社員のモチベーションを下げ、彼らの職務達成を妨げるものである。そこで我々は、第三の道である社員参加型マネジメントを強く勧める。これは、独裁と放任の中間で妥協するのではなく、まったく違うアプローチをとる。

独裁を廃することを、そのまま放任と受け取る人もいるだろうが、それはリーダーシップの放棄である。社員参加型とは、リーダーシップ不在の受動的なスタイルではなく、社員が自ら経営に参画する能動的なスタイルである。社員参加型マネジメントが機能している会社では、責任者が誰かを疑うことはない。責任者が社員に求めるのは、具体的な職務遂行や会社全体のパフォーマンス向上に向けた改善策の発見・運用で、単に指示されたことを実行するだけでなく、自ら考え、状況を判断することなのだ。そういう環境こそが、パフォーマンスを阻害するものを取り除き、社員の情熱を引き出すのである。

社員参加型マネジメント自体は、二〇～三〇年前から広く知られており、何を今さらと思う読者もいるだろう。しかし、我々の調査によれば、経営者や管理職の発言や考え方と、社員から伝え聞くその行動には大きなギャップがある。管理職の大多数は、独裁者型マネジメントを実行するだけでなく、擁護している点でも首尾一貫している。社員参加型マネジメントは一時の夢物語にすぎないというわけだ。マネジメントの指揮統制を重んじる保守派の考え方によれば、仕事とは本質的に面白くないものであるから、人を使うには妥協しない独裁的アプローチが欠かせないのである。

また、マネジメント手法の有効性は、実際に適用される環境に左右されるといった理論的な懐疑論もある。もちろん環境の影響は大きい。緊急事態には、いちいち意見を聞いてほしいと思う人などいない。とにかく指示がほしいだけだ。また、右も左もわからない新入社員に仕事上の権限を与えようなどと言う人がいるだろうか。これでは社員参加型マネジメントではなく、単なる放任だ。さらに少数ではあるが、状況判断や自分の意見を述べること自体を望まない社員もいる。彼らは指示に従うことだけで満足し、それで済む管理を求めている。

また、社員参加型の経営組織では、**すべての職務**が悪影響を受けるという意見もある。つまり、独裁者型マネジメントと官僚主義の組み合わせのほうが、単純・反復作業では優れているという主張だ。「職務内容が比較的単純で、連絡調整や問題解決の必要性がほとんどないなら、管理優先主義のほうが良い結果が出る。また、作業内容が反復的なものなら長期的な計画も立てやすい」[1★]。つまり、社員に考える必要がない場合には考えさせないということだ。

この論法が正しければ、社員参加型マネジメントは、製造業の工場労働者には使えないということになる。『Y理論を超えて』の著者はこの論法を採り上げて、製造業と研究所各二社を舞台に独裁者型と社員参加型を比較した。以下はその抜粋だ。

> 生産工場のような、作業が予想しやすい企業では、作業手順を明文化した、伝統的な階層構造によるマネジメント手法のほうがよい結果を生む。逆に研究所のような、不確実性の高い、広範な問題解決能力が要求される職務では、管理の緩い、自己管理と意思決定へのメンバー参加を重視する組織のほうが有効だ。

彼らは、この論法を**コンティジェンシー理論**と名づけ、有効な組織管理はその仕事の性質といった要因に依存すると考えた[2★]。だが、このコンティジェンシー理論は直感的には正しいように見えても、実は重大な問題がある。第一に、社員参加型マネジメントを採用して大成功を収めた生産工場の実例が、世界中に存在するのだ。たとえば、日本の製造業では、工場現場に

1★Lawler, E. E., III. *The Ultimate Advantage.* San Francisco: Jossey-Bass, 1992, p. 33.

2★Morse, J. J. and Lorsch, J. W. "Beyond Theory Y." *Harvard Business Review.* May-June 1970, pp. 61–68.

おける意思決定に社員を参加させて生産性と品質改善に実績を上げている。では、自動車産業の生産ラインの社員の仕事は、「不確実性の高い職務」だろうか。

日本企業はその成功ゆえに、諸外国の製造業で模範となってきた。伝統的に独裁者型マネジメントが踏襲されていた製造業だからこそ、真っ先にその導入の対象となったのだ。工場労働者が、研究者や営業担当者と同じように自主管理を使いこなせると言うつもりはない。ものづくりという仕事の性格、標準化と正確な連絡調整の必要性がそれを許さなかったし、**社員自身が考えることもなかった**からだ。しかし、だからと言って、製造業における社員参加型マネジメントが、コンティジェンシー理論の言うとおりに無意味であるとか、有害であるということにはならない。作業内容がどれだけ機械的なものであっても、社員自身の判断力が働く余地は必ずあるのである。

また、仕事が高度に標準化され、定められた手順の変更を会社側が望まない場合でも、社員が改善するチャンスは少なくない。こうした改善の可能性について十分議論すれば、その結果はときに絶大なものとなる。

プラスチック工場のフォーカス・グループ・インタビューで、参加者が「切りくず」について発言した。その社員は、ある装置を切断機に取りつけて、切りくずを半減させるアイデアを以前から暖めていた。コンサルタントはそのアイデアをエンジニアリング部に持ち込み、会議を何度も重ねて実地テストを行った結果、切りくずは八二％も減少し、その装置は全面的に採用されることになった。なぜもっと早く言わなかったのかと問われると、その社員はひとこと、「聞かれたことがなかったから」と答えた。

工場で働いた経験のある人なら、彼らの貢献例が膨大であることを知っているはずだ。彼らに聞きさえすればいい。マネジメントの理論と実践においては、人間同士の相違点ばかりが重視され、類似点は軽く見られがちだというのが、ここでの教訓である。職種の違い、世代間の違い、国家間の違いといった推定に基づく相違点は、頭にこびりついた先入観を裏づけるので直観的には道理にかなっているが、経験に基づいた検証には抗えない。その証拠に、日本は歴史的には長らく独裁者型社会だった。産業民主主義が根づいたのはほんの五〇年前のことである。工場労働者には自分の頭を使って仕事を改善する能力も意思も持ち合わせていないという先入観は本当に正しいだろうか。我々は、その想定が大まちがいであることを知っている。そして、卓越した経営者も随分前からそのことを理解していたのだ。

フラットな組織を目指す

独裁者型マネジメントと社員参加型マネジメントについての問題の核心とは、「ピラミッド型」組織と「フラット型」組織の問題である。社員が過剰な官僚主義と感じる「ピラミッド型」のマネジメントでは、多くの階層を有し、各レベルが管理する部下は比較的少数である。「フラット型」はその反対で、階層は最小限に抑えられ、各レベルに報告を上げる部下は大勢である。「ピラミッド型」組織の経営陣や管理職に対する社員の自由回答は、非常に厳しいものだった。ただし、彼らは「管理されたくない」と言っているわけでは**ない**。階層が多いことで**失われた**ものがあると考えているのだ。

「問題は、マネジメントの階層が不必要に多いのと、そこで繰り広げられる駆け引きだ。管理職ときたら、プロセスには無関心で、しょせんは自分のことしか頭にない。さもなければ、部下は役立たずだと考えている。あんなにたくさんの階層に、どんな価値があるのか理解できない」

「マネジメントの階層間にコミュニケーションが存在しないから、目標と達成状況についても混乱している。まるで伝言ゲームだ。最終的に伝わってくるのは、まちがった情報だ」

多くの社員の疑問は、「この人たちは一体、何をしているのか」という皮肉なものだった。それは的を射ているし、実際その階層構造のなかにいる当事者からも、ときおり耳にした。

「ピラミッド型」組織構造には二つの存在理由がある。まず、管理および職能の専門化である。

一人の管理職に報告を上げる部下の数は**最適管理範囲**と呼ばれている。望まれる管理が大きくなればなるほど、つまり、自己管理が信用されている社員が少ないほど、各階層の管理職に報告を上げる部下の数は少なくなり、必要となるマネジメント階層の数が増えるのである。「ピラミッド型」組織とは、チェックする人間をチェックすることから成り立つ。

さらに、各階層の管理職の役割は、関係各部署の管理職との連絡調整にある。仕事の分化（「職能化」）が細かくなれば、各個人や各部署は、「全体」（「ある製品に関わるすべて」や「ある顧客に関わるすべて」など）ではなく、「一部」を受け持つにすぎなくなる。それによって組織全体の相互依存性が高まると、部署間の横の連絡調整および階層間の縦の連絡調整の必要性も高まる。完璧に職能化した組織では、全職能からの報告が多階層構造を通じて最終的に集まる経営者を除けば、「全体」を受け持つ人間は存在しない。

一九八五年にA・T・カーニーが、大企業四一社を対象に行った調査によれば、組織階層の数と長期的な業績には強い相関関係が見られた。著しい業績を上げた企業の階層数は七・二で、それ以外の企業の平均は十一・一だった。また、最適管理範囲が平均三名の「ピラミッド型」階層の企業の給与総額は、平均八名の企業の四倍に相当するとした調査もある。[1]

一方、長期的に優れた業績を上げた企業には、「フラット型」組織の企業が非常に多かった。ニューコアが良い例だ。会長のF・ケネス・アイバーソンはこう書いている。「米国企業の最大の課題は組織階層の数を減らすこと……とにかく奔走している。うちの会社は四階層だ。末端は課長、課長は部長に報告、部長は本部長に報告、本部長の報告は私が聞く[2]」。またダナ・

1★Tomasko, R. M. *Downsizing: Reshaping the Corporation for the Future.* Amacom. 1987, p. 143.

2★Peters, T. J. *Thriving on Chaos.* Alfred A. Knopf, New York. 1987, p. 355.

コーポレーションでは、かろうじて利益を出せるレベルの十五階層から、五階層に減らすことで、利益率が大幅に改善した。

ニューコアのような「フラット型」企業は、企業目的と基本理念を非常に大事にしている。その重要性や価値を信じ、どういった行動が適切であるかの基準を共有した企業文化そのものが管理メカニズムとなり、何階層にもわたる管理を不要なものにするのである。

社員の情熱とコミットメントを引き出すには、管理を減らすことである。管理が少なくなればなるほど、社員の情熱とコミットメントが生まれるのだ。

自主管理チームを活用する

企業は可能なかぎり、一つの事業所では三層まで、全社的には五層から七層程度の「フラット型」組織にすべきである。[3] そのような組織では、管理職が細かい事柄に時間を割けなくなるため、意思決定権限が分散される。

効果的な権限分散を実現するには、自主管理チーム（self-managed team）の確立が一番だ。自主管理チームとは、各職能、各管理職、各資源に対する権限を委任された、責任者と社員から成る集団である。この自主管理チームが特定の顧客または顧客集団を対象とした製品・サービスの「全体」を担当するのが理想的である。

3★Peters. T. J. *Thriving on Chaos*. New York: Alfred A. Knopf, 1987, p. 359; and Lawler E. E., III. *The Ultimate Advantage*. San Francisco: Jossey-Bass, 1992, p. 62.

自主管理チームがうまく機能すると、メンバー同士で刺激しあうことで「チームとしての平均値」を押し上げ、パフォーマンスはさらに上がる。特に非製造業の社員はチーム内部のプレッシャーにさらされることで、管理職が口出しする余地が減ることになる。自主管理チームに委任される管理業務の数や種類は、ケース・バイ・ケースである。その名に恥じない自主管理チームなら、作業手順、スケジュール管理、生産目標、品質管理、（外部および内部の）顧客との関係に関する情報を任されることになるだろう。さらに、社員採用などの人的資源管理まで自主管理チームに任せる企業も出てきている。

自主管理チームがどの程度まで「全体」を受け持つかには、かなりのばらつきがあるが、自主管理チームの有効性に関する調査結果を見ると、理想的な自主管理チームとはおおむね次のようなものである。

- 特定の顧客または顧客集団を対象に、「全体」を担当する。
- 責任を負える明確なゴールを持つ。
- 「全体」の遂行に必要なスキルすべてをチーム内に抱える。
- 「全体」の遂行に必要な資源の情報にアクセス権限と管理権限を持つ。
- チーム全体のパフォーマンスに応じた報酬制度がある。

つまり、自主管理チームが、マネジメントから報酬分配にまで深く関与する小さな「企業内

1★自主管理チームの調査結果に関しては、以下を参照。Manz, C. C., and Sims H. P. *Business Without Bosses: How Self-Managing Teams Are Building High-Performing Companies.* San Francisco: Jossey-Bass, 1995; Orsburn, J. D., Moran, L., Musselwhite, E., and Zenger, J. H. *Self-Directed Work Teams.* Homewood, Ill.: Business One Irwin, 1990; Katzenbach, J. R. and Smith, D. K. *The Wisdom of Teams: Creating a High Performance Organization.* Boston: Harvard Business School Press. 1992; Yeatts, D. E. and Hyten, C. *High-Performing Self-Managed Work Teams: A Comparison of Theory to Practice.* Thousand Oaks, California: Sage Publications, Inc. 1998.

企業」のような機能を果たすことが理想である。[1]

もちろん、文字どおりに実践すれば不合理なことも多いはずだ、各自主管理チームが、システム開発や保守運用のできるコンピュータのスペシャリストを持つことが現実的だろうか。いくら何でも、少々贅沢だろう。また、資源効率と絶対数を考えれば、ＩＴ機器のある程度の集中や共有は必要だ。では、自動車組立工場で一つの自主管理チームが、従来の量産体制によらず、一台の車の組み立てを最初から最後まで受け持つことが現実的だろうか。これはアイデアとしては悪くないし、実際にウデバラ（スウェーデン）のボルボの工場で試されたことはあった。しかし、ＵＳＣのポール・アドラーの調査によれば、この生産方式が効率の高い量産体制を敷く自動車組立工場に優ることは永久にないようだ。[2]

また、社員参加型プログラムは、会社が（自分で描いた）イメージを広げるために着せた装飾品のように扱われ、実像とかけ離れていることが多すぎる。事務所や工場の壁には社員の参加と人材の重要性を説く標識やスローガンが掲げられていても、彼らの日々の接し方次第では、たとえ自主管理チームがあったとしても、会社のプロパガンダにすぎなくなる。たとえば、ルース・ミルクマンが、社員参加型プログラムを採用したＧＭの工場（ニュージャージー州リンデン）を対象に行った調査によれば、社員参加と権限委譲を訴えたスローガンの甲斐もなく、「不良品が出たら、そこから先へ進まないようにコードを引いてラインを止めるように指示されていた。しかし、実行した社員は職長に文句を言われ、結局、旧《もと》の木阿弥《もくあみ》」という結果に終わる。[3]このように、正式な提案制度が取り決めと実際とのギャップで行き詰まった例は数多い。

2★「このような自主管理作業チームのパフォーマンス・レベルがトヨタに匹敵するものであれば、パフォーマンスを下げることなく、作業員も楽しく働けたと思う。しかし、匹敵するといえるところまでいかなかった」。HR.comに掲載された2001年5月14日のUSCマーシャル・スクール・オブ・ビジネスのポール・アドラー教授に対するインタビューより。

3★Milkman, R. *Farewell to the Factory: Auto Workers in the Late Twentieth Century.* Berkeley: University of California Press. 1997, p. 171.

その点、トヨタの例は大いに参考になる。トヨタの社内チームは社員参加を大きく促進した。社員は、品質向上と無駄を省くことを目指して、生産工程の改善策の提案を奨励されている。さらに、品質管理、交替勤務の時間割作成、機器の補修・点検、記録作成、パフォーマンス評価、原材料発注など広範な職務に関する責任と権限を負う。欠陥や問題の発生時に生産ラインを停止する権限すら持っているのだ。トヨタ生産システムの四原則によれば、人には本質的に、考える力が備わっており、良い仕事に対する意欲もあり、実際にそうする。正しい道具と適切な権限を与えれば、さらに上向くのである。

にもかかわらず、トヨタの生産ラインは依然として、高度に細分化・標準化されたままである。チームは生産ラインのいくつかの持ち場を担当するが、「全体」ではない。そうした原則を踏まえつつ、一定の生産ラインに責任を持つチームとして社員を扱うことで効率化を図っているのだ。

また、トヨタの提案制度は、驚くほどうまく機能している。伝えられるところによれば、トヨタの社員は一人当たり、年間平均五〇件以上の提案を行い、その八〇%が採用されている。基本的に、全社員がこれに参加している。こうした参加意識の高さと提案制度が、改善の持続には欠かせないのである。[1★] ちなみに米国では、提案制度の参加率は約八%（一人当たり年間一・四件）で、採用されたのは、そのうちの三分の一程度にすぎない。

トヨタの事例から得られる教訓は、社内チームを組織する方法論や提案制度の仕組みだけではない。トヨタにとって制度とは、そのマネジメント手法を世界に知らしめるための付け足し

1★ The Profit Professionals of Business Solutions–The Positive Way; found at www.profitpro.us/profit_ideas.htm; see also the federal government's *User's Guide to Successful Suggestion Programs, the Interagency Advisory Group Committee On Performance Management and Recognition, Suggestion Program Working Group, Office of Personnel Management* (1995 Edition).

でもシンボルでもない。**それは、トヨタという会社が社員に対して示す日々の姿勢そのものなのである。**

さらに重要なことは、社員参加型のメカニズムとは、文化というより、**ビジネス**の本質であることだ。パフォーマンスの目標と明確な責任を持たせてはっきりと指示を行えば、自主管理チームは結果を最大化する。[2★]「放任」とは違い、社員参加型マネジメントの図式には、上から下への矢印があったことを思い出してほしい。その矢印が、チームと事業目標および戦略を結びつけるのである。したがって、「自主管理」というより「自主指揮」と呼ぶべきだろう。弱いリーダーや本来優先順位が高いものをビジネスとして最優先させないリーダーの下で、自主管理チームが成功した例はかつてない。

自主管理チームやその他の社員参加型の取り組みは、広い意味における企業文化の模範であり、企業目的の実現を直接的に支えるものであることはまちがいない。それが企業の根幹となれば、最強の組織を実現できるはずだ。

2★Katzenbach, J. R. and Smith, D. K. *The Wisdom of Teams: Creating a High Performance Organization*. Boston: Harvard Business School Press. 1992; Fandt P. "The Relationship of Accountability and Interdependent Behavior to Enhancing Team Consequences." *Group and Organization Studies*. 16, no. 3, 1991, pp. 300–312.

8 達成感を与える ❸やりがい

仕事とは、医学でいえば最良の鎮痛剤、麻酔薬、興奮剤、精神安定剤、鎮静剤、抗生物質などのすべて兼ね備えたものである。要するに、万能薬に最も近いものなのだ。

トーマス・サース●医学博士、心理学者、作家

効率と品質が高いだけではまだ十分ではない。**仕事そのもののやりがい**もまた重要である。たとえば、単純な反復作業に長く従事している社員は、その生産性に関係なく、堪えがたいくらい仕事に不満感を抱く。

「繰り返し。同じことばかり。何でもできるわけではないが、死ぬほどつまらない。欲求不満が高じてストレスになる」

「仕事が単調だから、どうしても型にはまってしまう。仕事から受けるプレッシャーが自分でもわかる。ビルに入った途端、心配ごとが頭をもたげてくる」
「面白味がない。会社に対して文句はなくても、仕事を楽しむこと自体が難しい」

以上の回答者は、やりがいのある仕事を求めながらも、今の仕事からは得られていない人たちである。単純・反復作業に見られる非人間的な性質や意欲減退について論評した文献は数多い。作業が退屈で、訓練すればサルでもできると訴える描写もよく見かける。

だが、**我々の調査では、労働者の七六%が自分の仕事を気に入っていると回答し、不満を表明した回答者は、わずか八%である。**また、好意的な回答の比率の幅は五二〜九五%であり、最低だった企業でも、約半分は満足していると考えられる。職務形態が変わっても、この結果はほとんど変わらない。たとえば、満足を表明している給与労働者が七六%である一方で、時間給労働者でも七二%に達している。[1★]

仕事のやりがいは人それぞれ

次に紹介するのは、クッキー/クラッカー工場の包装作業員の仕事に対する発言の抜粋だが、

1★これは「仕事そのもの」に対する満足度であって、「全体」に対する満足度ではないことに注意してほしい。この2つは混同されやすい。後者は広義で、人がその雇用状況に対して全般的に感じている、会社の「働きがい」である。これは、雇用保障、給与、リーダーシップ、達成能力、仕事そのものに対する反応といった複数の要素の組み合わせの産物である。仕事そのものに対する満足度は、全体に対する満足度を構成する一要素にすぎない。

こうした内容は決して珍しいものではない。この女性作業員たちの仕事も、典型的な単純・反復作業である。

フォーカス・グループ司会者　今の仕事で特に好きなところは何ですか?
社員1　給料は悪くないし、閉鎖されることもなさそうだし、安心できるから。
社員2　私にとっては、給料が物価水準をクリアしていることが大切。
社員3　人に喜んでもらえる製品を作っていることが大事。自分が人を喜ばせることができて満足です。
司会者　では、今の仕事で特に嫌いなところは何ですか?
社員1　機械ね。故障が多いから。メンテの人も二人しかいない。修理しているあいだに生産は止まるわけだから、損失よ。おかしいわよね!
社員3　管理職は、私たちのことをバカだと思っている。意見を求められることはまずないから、こんなにムダが多い。
司会者　たとえば?
社員3　機械のスピードが早すぎるから、故障するのも無理ないわ。実際、故障が多い。言っても聞いてくれないから、もう言わないことにしたわ。
司会者　クッキー/クラッカーという仕事そのものには誰も触れていませんが、こういう仕事は好きですか?

社員1　問題ないわ。仕事ですから。自分の仕事には満足しています。

社員2　同じことの繰り返しだから、確かに退屈は退屈ね。もっと他のことがしたいと思うこともあるし、辞めたいと思うこともある。機械になった気分だけど、職を変えるにしても歳がね。

社員3　繰り返し作業だから、確かに面白いとは言えないけど、正直言って私は気にしていません。考える必要がないから、お喋りしながらでもできる。ここのみんなとの付き合いが私には大切なのよ。

社員4　嫌いだとは言わないけど、正直言って退屈な仕事ね。もっと面白い仕事に就きたいわ。経理の仕事とか。そのために夜学に通うことを考えてるの。

社員5　私は今の仕事で十分。経理の仕事は私には無理ね。数字が苦手だから。

社員6　あくまで仕事だから。大学を出たわけでもないので、私にはこれで十分。

司会者　職長といった管理職に昇進したいと思う人はいますか？

社員2　関心ないわ。頭痛の種が増えるだけよ。会社の外に一歩出たら、仕事のことは考えたくない。

社員6　おまけに、組合からは抜けないといけないし、残業手当もつかない。仕事は増えるのに、実入りは減るのよ。

社員5　管理職なんてごめんだわ。頭が痛くなるだけよ。管理する立場になれば、それまでの友人も失うだろうし、考えられない。

社員4　会社が研修の場を設けてくれるなら、私はやってみたいと思う。まとめ役でも十分やっていけると思うけど、実際に言われたことは一度もない。

単純・反復作業に対する二通りの反応に注目してほしい。社員2は、「機械になった気分だ」と言ったが、その他の人々は特に好意的とも不満があるとも言っていない。一方、機械や職長などの他のコメントでは、彼女たちは不満を率直に述べている。彼女たちの仕事に対する意見は、先に引用したコメントが、単純作業への不満を示していたことと好対照をなしている。つまり、**仕事内容を魅力的だと感じる感じないは、人によって大きく異なるのだ。**

その違いには、二種類ある。第一に、興味の対象、性格、生い立ちに起因する好みの違いだ。具体的な例では、屋外と屋内、事務と現場作業、上司付きと（営業担当者のような）自己管理型、民間企業と公的機関（非営利団体）、定時勤務と残業の多い不規則な勤務、不確定要素の多い作業手順と少ないものなどである。

第二は、自分の**能力**に対して自身が持つ認識の違いである。たとえば、プロスポーツ選手という職業は若者には非常に魅力的だが、大成する才能の持ち主など滅多にいないことくらい誰でも知っている。才能もないのに努力をつづけようという人はまずいない。

労働者とは、仕事にプライドを持ちたいものである。その仕事が管理職で、自分にその能力はないと思えば、そのチャンスを得ようと努力することはない。数学が不得手なら、工学技術に関係した勉強や仕事を自ら遠ざけるだろう。不器用なら、手先の器用さが求められる仕事は自然と避けるはずである。

単純・反復作業の労働者ですら、仕事そのものに対する不満感が目立って見られなかった理由はここにある。自分は単純作業に向いていると感じる社員もなかにはいる。もう一つの例として、ボタンホール作業員として知られるメルヴィン・ライクを紹介しよう。

ボタンホールをつける作業を明けても暮れてもしたいと思いますか。ニューヨーク・タイムズでは最近、マンハッタンでナンバーワンのボタンホール・マン、メルヴィン・ライクに関する一風変わった記事を掲載しました。そのなかで彼はこう述べています。「ボタンホールをつけるのが私たちの仕事です。毎日、それだけを専門にやっています。これに関しては、私は医者並みのスペシャリストなのです。大したことないと思われるかもしれません。たかがボタンホールですから。でも、大切な仕事です。皆さんが考える以上にね」。そして決め台詞はこうだ。「ファスナーは、またまったく別の世界です。それはそれで、一つの仕事なのです。人間に備わっている能力は多様です[1]」。

クッキー包装作業員の事例では、管理職に関心を示した社員はわずか一名だった。その他は、「進んで頭痛の種を増やしたがる人がどこにいる?」という反応で共通していた。それ以外の社員にとっては、頭痛が生きがいということになる。

我々は、単純作業を好み管理職になりたがらない人は、そうでない人よりも心が健康だと

1★Peters, T. J. *On the Nature of Work.* May 7, 1993; found at www.tompeters. com. 参照。

言いたいわけではない。ある人にとっては「ストレスが多い」仕事が、ある人にとっては「やりがいがある」仕事になる。他人の身になって考えるには、我々がその仕事の価値の優劣を判断してはいけない。大勢の人が選んだ特定の種類の仕事を貶めるような判断を下してはならないし、その仕事に不満を抱いているに違いない、あるいは、不満を抱くべきだと決めつけてもいけない。

嫌いな仕事にとどまらせない

自由労働市場では、個人の多様な志向に多様な仕事を引き合わせることが可能だが、現実にはつねにそうとはいかない。我々の調査でも、平均八%の社員が仕事に不満を表明している。この八%は全体から見れば少数派だが、その不満感が社員全体に与える影響は大きい。その証拠に、仕事そのものに不満を抱く社員で、会社全体に対する不満を表明した割合は六五%だが、仕事そのものに満足している社員では、わずか一〇%だった。**表1**に、仕事そのものに対する満足度と会社全体に対する満足度との相関関係を示した。

仕事そのものがそれほど重要で、さまざまな職種の求人があるのに、嫌いな仕事に巻き込まれる人がいるのはなぜか。一つは、仕事の選択を、特にその最初の段階でまちがえている場合。つまり、人は自分の能力を、またその仕事に必要な能力を見誤ることがある。そういう人は、

表1　仕事そのものの満足度と会社全体への満足度との相関関係

仕事そのものの満足度	会社全体への満足度		
	満足	中間	不満
満足	74	16	10
中間	32	44	24
不満	13	22	65

雇用されてすぐに、他のポジションを探しはじめるのだ。雇用の初年度などに、希望制または双方合意の異動制度が適用されることが多いのは、このためである。人は嫌いな仕事に留まるべきではないし、会社も社員の嫌いな仕事に留まらせてはならない。その意味で、こういう人事異動は健全なものといえる。

現実には、経済的な事情でその仕事から逃れることができず、「縛りつけられた」状態に陥ることもある。生計を立てるために大嫌いな仕事を選ばざるをえないこともあるだろう。また、不況時に仕事が減り、中高年層が会社を辞めて新しい仕事を探すのも経済的な理由によるところが大きい。年金制度やストック・オプション制度などの社員に対する特別優遇措置は、嫌いな仕事に社員を繋ぎ止めるためであり、社員も経済的な理由のためだけで留まることもあるだろう。人間は確かにパンだけでは生きられないが、パンは生きるためには欠かせない。住宅ローンに大学の学費の支払い、ゆくゆくは引退時に困らないだけの金銭的な余裕も必要なはずだ。

プライドの三つの源

仕事の選択、継続、満足を、モチベーションにおける「押す力」と「引く力」の結果として考えてみよう。引く力とは、人が仕事を選択するにあたって魅力的と感じる要素、つまり仕事に持つ興味、やりがい、情熱を注げそうな予感などである。

一方、押す力とは、背中から強く押される作用である。「人に喜んでもらえる仕事」のように、他人がその選択の意義を後押しする力といえる。または、「こっちのほうがまだマシだ」というように嫌悪感がより小さかったからかもしれないし、生計を立てることだけが目的だったからかもしれない。仕事の選択には、この二つの力が働く。

もう少し考えてみよう。職種が自分の希望にかなうものであっても、その職務を組織化するのは会社であり、管理するのは管理職であるから、働く当人には煩わしいかもしれない。「仕事そのもの、自分の職種」に不満を表明した社員はわずか八%だが、他の質問に対する回答は不満を示すものが少なくなかった。たとえば、約二〇%が仕事で自分の能力を生かしきれていないと答えている。つまり、職種自体には満足していても、それが会社における実際の運営・管理のやり方に対する満足にはなっていない。

では、ある情報通信会社で営業を担当するテリーとのインタビューの要旨を読んで、その見解について考えてほしい。

テリーは、営業にやりがいを感じていた。販促でもアフターサービスでも、接客が大好きな、営業マンのなかの営業マンだ。彼にとって大きなやりがいは、新規の顧客獲得や既存の顧客維持である。お金も重要だが、テリーはその仕事自体が好きなのだ。自分の仕事と人格に自信を持っている。人に接することが好きで、周囲も好感を抱いている。顧客に言ったことは必ず実行したし、それができなければ、夜もよく眠れなかった。

担当地区、意欲をかき立てる目標、明確な報酬制度、方向性を指示する優秀な上司に恵まれていれば、嬉々として納品に向かったはずだ。それが営業担当者というものだ。

ところが、テリーにも会社にも不幸なことに、彼の一日の大半は営業以外のことに費やされていた。ペーパーワークは、営業担当者にとっては死と言ってもいい。この種の管理業務は、営業担当者には避けられない必要悪ではあるのだが。

テリーの上司は、不幸なことに、以前に売上トップだった営業担当者のピッツで、彼は革新的な管理者を標榜していた。ピッツは、営業担当者が顧客と交わすやりとりすべてを追跡する精緻なデータベースを作り上げた。総合顧客追跡システムと呼ばれるもので、データベースの内容は日を追って膨れ上がり、それにつれて営業担当者の負担も大きくなっていった。部下のパフォーマンス評価の一部は、営業担当者の完璧なデータ入力を前提としていた。ピッツのシステムは、上層部も高く評価していた。

テリーを含む営業担当者は、顧客とのコンタクト内容すべてを追跡しなければならなかった。入力を義務づけられた内容は、顧客企業の概要（年間売上、社員数、所在地、統計的な特徴一〇項目）、交わした会話の内容（相手の名前、役職、購入の成否、購入した場合はその価格、会話の口調）、購入に至らなかった原因（予算枠の問題、現在の仕入先に満足しているかどうか、会社の評判）などである。

この入力情報には確かに有益なものもあったが、テリーは一日の大半を営業担当者ではなく、事務員として費やすことになった。それは、彼の営業能力と相容れないもので、

彼は辞めたいと思ったが、給与と年金のことを考えると二の足を踏んだ。他の会社では望めないレベルだったからだ。

テリーは営業という仕事そのものを愛していたが、この会社における営業という仕事は好きになれなかったのだ。もちろん、辞めることで被る経済的な影響に関係なく、惨めな状況に我慢しない人もいる。次の自由回答が証拠だ。

「みんな、競争を求めてこの会社を去っていく。ストレスがこことはまったく違うし、新しい職場では状況が大きく改善されているようだ。部内会議に地区会議、研修と、一日の六〇%は非生産的な社内業務だ。これがなくならないことには、有能な人がどんどん辞めていく。そのうち、誰もいなくなると思う。すぐに次の仕事が見つからなくても、辞めるつもりでいる。少し充電したら、転職活動を始める」

会社の現状に満足できない場合でも、辞められる人間はまだいい。テリーに代表される社員は、理由はどうあれ（たとえば経済的な事情、自信のなさ）、八方塞がりなのだ。営業担当者がテリーの望みであり理想でもあったが、それが今や悪夢と化したのである。

仕事の種類に対する人の好みはまちまちだが、働くことにプライドを持ちたいという願いに例外はないと言っていいだろう。仕事におけるプライドの源は三つある。**「生産性の高い仕事**

をする」「価値ある能力を生かす」「重要度の高い仕事をする」である。

生産性の高い仕事をする……社員が自分のパフォーマンスを評価する対象は仕事の量と質であるが、社員にプライドを持たせるのは何といっても「仕事の質」である。量をこなすだけでは効率よく働いたという満足感にはつながらない。想定生産量をめぐる労使間の軋轢が絶えないのはそのためだ。社員は、肉体的に疲弊し、ひいては健康を損ねるようなテンポに抵抗しているだけではない。彼らは質の高い仕事で質の高いサービスを顧客に提供する自分たちの能力が、生産高に対する過度の重圧にさらされることを恐れているのである。つまり、これは社員の**プライド**の問題なのだ。

「品質重視というのはうわべだけで、現実はまったく逆。最優先事項は、数であり、量であり、生産高。一〇〇％以上の努力を品質に注いでも、数字が足りなければ無意味だ。品質が低いのはＯＫでも、数字が低いのは許されない。でも、私にとっては、低い品質こそ許せない」

「リストラの影響や外部委託で品質が下がり、レスポンスも悪くなったので、顧客からクレームが多い。経費節減はわかるが、故障も増えて製品の品質も下がっている。クレームは聞きたくないが、どうにもできない。何を言っても、品質より予算重視だ」

こうした抵抗感を、単なる怠慢と決めつけるのは簡単だが、彼らはやりたい放題の職場を求めているわけではないし、そんな職場にプライドを持てるはずもない。出来高重視が限度を超え、健康、仕事の品質、顧客の評判に有害なものになったときに、社員は不服を訴えるのである。

価値ある能力を生かす……自己満足は生産性のほかに、社員自身が考える「価値ある能力を生かして働くこと」からも生まれる。広い意味で、品質が重視される理由はここにある。なぜなら品質は、職人としての誇り、献身、状況判断といった、きわめて人間的な特徴と結びついているからだ。

人間、すなわち労働者の世界では、スキルの種類とレベルは無数である。社員は、自分のスキルが生かせない場合に失望感を持つ。

「上司には、技術畑の私を管理できるだけのバックグラウンドがない。だから、私の能力を使いこなしていない。専門家として扱ってくれないことが腹立たしい」

「営業の管理職として会社に迎えられた。ここは以前、CEOがいたポジションで、今も実態はその頃と変わっておらず、私の存在価値がない。停滞した状況から抜けるためにも、新しいアイデアを提案してほしいと言われたが、口先だけだ。これでは、彼のアシスタントにすぎない。CEOはやり方を変えないだろうし、そろそろ潮時だと思う」

しかし、自分の能力を生かせたとき、それは喜びに変わる。

「リーダーは私の能力と経験を生かせるような権限を与えてくれる。一人の人間として信頼を寄せてくれることで、気持ちよく働ける。そこからくるモチベーションとプライドが、顧客とトップに対して全力をつくそうという気にさせる」
「自分のマネジメント力、人材管理力、問題解決能力、営業スキルを伸ばしつつ、結果も出せることに感謝している」

社員の能力が重要で職場で欠かせないものとなるとき、**大きな**喜びとなる。自分の得意分野で専門家と見なされることは、彼らにとって最高の気分のはずだ。

「自慢するわけではないが、私なしでやっていけるとは思えない」
「私のリーダーシップと技術に関するスキルは、五年以上のあいだ伸びつづけている。会社に対して感謝している。他の管理職からよく相談を受けることも、私のプライドにつながっている」

ここで見られるとおり、研修を通じてスキルを伸ばすこと、そして新しいスキルを身につけることは、彼らの大きな関心事である。それらはプライドを醸成するだけでなく、会社の内外を問わず、自分の収入アップや雇用保障に結びつく。特に変化の激しい分野における研修の重要性は、巷間よく伝えられる。二五カ国の技術職を対象に行った調査によれば、会社に望むもののランキングで、「継続的な研修」がすべての国で第一位かそれに準じる順位だった。[1★]

重要度の高い仕事をする……生産性と能力を生かすことに加え、人はさらに会社や顧客に対して、何か良い影響をもたらしたいと望んでいる。専門職であれば、自分の専門分野のステータスや発展に貢献したいと願うはずだ。

別に、ノーベル賞を目指そうというわけではない。クッキー工場の作業員は、自分が包装した製品が「人を喜ばせる」ことに満足感を覚えていた。

「顧客の成功に貢献しているということが私には大切だ。役に立ったことを彼らが知らせてくれたときは特に嬉しい。だから、この仕事をつづけている」

「この会社では、自分のことをつまらない存在と感じることはない。全員が会社の成長に不可欠だと感じさせる。それがまるで魔法のように、社員の士気に表れる」

質の高い仕事をしたいと思う理由の一つは、顧客への思いやりである。フォーカス・グループ・

1★Sirota, D. and Greenwood, J. M. "Understand Your Overseas Work Force." *Harvard Business Review*. 1971, pp. 53–60.

インタビューでも、顧客満足に言及されることが多かった。良いサービスを提供できれば前向きになるし、できなければ欲求不満と失望感が残る。それは本来備わっている質の高いサービス提供能力が、仕事の負荷などの問題で損なわれるからである。

顧客にもたらす価値を考えるときには、製品・サービスの一部分ではなく、「全体」を担うということに、もう一度立ち返らなければならない。突飛かもしれないが、実験動物を「顧客」に見立てて考えてみよう。

本書の執筆者に、製薬会社で実験動物の世話係の心得を啓蒙する獣医チーフだった人間がいる。彼によれば、そこの世話係は、出勤時間にしろ、檻の清掃にしろ、動物の給餌時間にしろ、とにかくやる気がなく、「おざなりの連中だった」のだ。彼の努力も、効果はほとんどなかった。最初の数日は効果があっても、またすぐ元に戻るのである。

そこで、彼らに徹底的にインタビューしたところ、その仕事が非常に細分化されているという問題が浮かび上がった。彼らは自分の雇用条件（給与、諸手当制度、雇用保障）に不満はなく、上司に反感を持っていたわけでもないが、仕事そのものに対しては、単調で無意味と感じていたのだ。動物が嫌いなわけではないし、研究所におけるその仕事の重要性も十分理解はしていた。ではなぜ、その仕事に意欲が沸かず、意義を見出せなかったのか。

この問題の核心は、一人の世話係が、餌と水の補給、檻の清掃、投薬管理、飼育記録（食欲、体重など）といった作業のうちの一つだけを担当していたことだ。まさしく、単純な反復作業である。高度な能力を使うこともなく、「顧客」**全体**に対して責任を感じることもほとんどなく、毎日同じ手順で檻の掃除を延々とつづけるのである。世話係の一人によれば、その仕事は「動物の世話というよりは、単にシャベルで……」というものだった。

細分化された仕事に対する彼らの気持ちは、クッキー作業員の例とはかなり違う。解決策は明らかだったので、すぐに実行に移された。世話係はそれぞれ担当する動物のグループを任され、その動物の面倒をすべて引き受けることになった。もちろん、担当動物の知識や健康状態を判断するために、初歩的な病気診断スキルの研修などは必要であり、コストは若干増えたかもしれないが、すぐに仕事に対する充実感に取って替わった。

プロ意識も芽生え、満足度も大きく上がったことは、その後のインタビューでも明らかになっている。獣医の報告によれば、どうしても改善が見られず解雇となった一名を除けば、問題は解消された。

そもそも達成感とは、何かを**やり遂げる**、最初から最後までやり通して労働の成果を日にすることから感じるものである。しかし、先に述べた自動車工場の事例のように、「全体」を一人で受け持つと効率低下を招いたりするので、簡単ではない。

まず一般論としては、効率維持という制約条件の範囲内で、社員がなるべく仕事をやり通すことのできる組織編成を考えるべきである。次の段階として、特に効率の問題でその実現が著しく困難な場合には、重要な作業手順に一貫した責任を負う**自主管理チーム**の編成が理想的だ。自主管理チームは、スケジュール管理、職務分掌、改善策の実施、保守点検、ＯＪＴ、品質管理などの各職務に対する権限を委任されている。幅広く一貫した責任を持たせれば、個々の社員はチームとして参加するなかで、達成感とプライドを見出すことになる。

また、自主管理チームは、可能なかぎり**顧客との関係構築**にも責任を負うべきである。自分の仕事がどんな効果をおよぼしたかを人が判断するのは、まず顧客からの反応であるはずだ。もちろん、社員全員に社外の顧客と接する機会があるわけではないが、全員が顧客を意識することはできるはずだ。社外でなくとも、社内顧客でかまわない。生産ラインであれば、部品を加工する作業員にとって、その部品を組み立てる作業員は顧客である。商品開発の人間にとっての顧客とは、製造作業員であり、営業担当者である。人事部やＩＴ部のような管理グループにとっての顧客は、各製品事業部である。

仕事の成果と満足は、チームを編成し、可能なら社内外を問わず特定の顧客を担当させ、その顧客のニーズに応えるという到達目標を持たせることで、さらに大きくなるのである。

9 達成感を与える ❹フィードバック

褒められただけで、二カ月は生きられる！

マーク・トウェイン

本章では、外部から社員に満足感をもたらすものを考えてみよう。特に社員にとって、その後のキャリアや給与に影響力を持つ立場の人間の評価がもたらす達成感について述べる。他者からのフィードバックにより、我々は仕事を改善し、それ以前よりも大きな達成感を得るのである。

建設的なフィードバックとは？

大多数の社員（八四％）が自分に求められているものを理解していたことを思い出してほしい。しかしながら、仕事に対してフィードバックを受けたのはわずか五三％で、達成したものに対して相応の評価を受けたのは約五一％にすぎなかった。なかでも、「パフォーマンスが良いときは遅いのに、悪いときはすぐに文句を言われる」という項目に「ＮＯ」と答えた社員が三八％に留まったことは興味深い。

つまり、社員のパフォーマンスの評価は、上司の想定を上回ったときではなく、下回ったときに否定的な意味でなされることが多いのである。

「ボスと毎日付き合っていると、彼のフィードバックはいつも否定的なものばかりだ。出勤する朝は、必ずそのことが頭に浮かぶ。家を出るときも、運転中も、ずっと気持ちは沈んだまま。会社に着いたときには、気持ちが萎えてしまっている」

「私の仕事に関して褒めてもらったことなんか、いまだかつて、絶対に、ただの一度もない。褒めると自分が損するとでも思っているのか。ここでは、自分が絶対の存在でなきゃいけないのだろう。ミスすると飛んでくるくせに」

残念ながら、フィードバックの下手な管理職が多い。ここで言うフィードバックとは、あくまで建設的なフィードバックである。褒めることでつねに効果があるとは限らないが、助けにはなる。パフォーマンスのフィードバックとは、広い意味で次のものを伝達することだ。

- **指導**……社員が改善すべき点や、それに必要な方法を提供すること。管理職の最も基本的な責務である。
- **評価**……会社が求めるパフォーマンスの基準に対する絶対評価や、他の社員と比較した相対評価。この社員は優秀なのか、劣っているのか、標準的なのか。
- **称賛**……仕事に対する感謝を言葉で表す。
- **報奨**……有形の何か（通常は金銭）を与えることで、その称賛を表す。
- **指揮**……会社が求めるもの、重視するもの、期待するものを伝達または再確認する。

以上を伝達したフィードバックの結果は、社員と会社の双方にとって重要である。人には責任感と働く意欲が備わっているが、**その人に対して関心を払う人が一人もいなければ**、モチベーションは急速に萎えてしまう。また、失敗したときだけ目を向けると、モチベーションは憤りに転化する。

なかには「自己基準」だけに従って行動する人が現実に存在すると言われる。だが残念ながら、人間の気質はそうではない。社員を指揮し、改善を促すフィードバックの効用とは別に、人間が持てる能力を最大限に高めるには他者の関心と称賛が必要なのだ。

指導をためらってはいけない

指導とは、**認知のフィードバック**であり、社員のパフォーマンスに対する経験と事実に基づく客観的な認識、そしてその改善法を知らしめるプロセスである。評価、称賛、報奨といった**情意のフィードバック**とは別物である。現実には、認知のフィードバックと情意のフィードバックはそれほど簡単に区別できるわけではない。その証拠に、社員の失敗に対する指導を、評価を加えることなく伝達するのは難しいだろう。社員が抵抗することなく受け入れて活用できるフィードバックを行うことが大きな課題である。

基本的なことだが、フィードバックは事実に基づいていなければならない。我々は、何かをしたとき、その結果が予想されたもの、期待されたものだったかどうかを知りたいと思う。フィードバックをするのが人間である必要はない。櫛を入れて好みの髪型にできたかどうかは鏡で確認する。スピードは速度計で、出勤時間は時計で、過剰な運動なら心臓モニターで確認できる。そしてそのフィードバックにより、我々は行動を進化させることができるのだ。指定時間に遅刻したら、次回はもっと早く行けるルートを探せるし、自宅をもっと早く出る判断も可能だ。

だが、人間としての我々に重要なのは、他者からのフィードバックである。本当の意味を相手に伝えるうえで人間の介在が必要なフィードバックもあるのだ。たとえば検査結果を患者に伝える役目を負うのは医者である。また、常識的な礼儀作法やマナーの判断など、毎日の振舞いの適切さに対するフィードバックのように、人間にしかできないフィードバックもある。

仕事において人が受ける最も重要なフィードバックとは、パフォーマンスに対するものである。フィードバックなしには、達成感についても、パフォーマンスを改善するチャンスについても限界があるだろう。また、人が行うフィードバックとそうでないフィードバックがある。企業の業績評価には、収益性、売上、コスト、納期、顧客損失、生産性、不良品、常習的欠勤など多くの指標がある。これらの指標の評価が、事業や業務のプロセスに組み込まれ、自動的、定期的に測定され、社員に開示されるのが、会社としては理想的である。

しかし、どんなに優れた包括的かつ自動的な評価システムでも、人間の介在はやはり必要だ。数字は、企業内でも限定的な意味しか持たない。重要なのは、経営陣や社員がこの数字をどう**解釈する**かである。数字は彼らの予想と比べてどうだったのか。評価指標における変化をどう捉えているのか。新型の機械導入や景気の動向は、その評価に加味されたのか。各評価指標は相互に比較されたのか（「生産性は下がったが、品質は向上した」など）。会社にとってどの指標が重要なのか。

これらに対する回答は、数字に意味を持たせ、会社と社員双方に正しい方向性を付与するうえで重要だ。新型の機械導入後に、ある社員の生産性は下がったものの、その下げ幅が予想よりも小さかったとしたら、その社員には特に起こすべきアクションもないだろうし、何らかの報酬を与えることもありうる。また、ある社員のパフォーマンスが向上したが、その上げ幅が予想よりも小さかったときには、その社員が求められているものを再確認し、新しい機械の使用法の徹底指導が必要となる。いずれにしても、フィードバックは必要だ。単なる「数字」の伝達ではなく、管理職が数字を解釈して意味を伝えなければならない。

言うのは簡単だが、実行するのは難しい。これが一番難しい仕事と考える管理職は少なくない。次にあげるのは、管理職の側からの人事考課に関するコメントである。

「直属の部下十二名に対して求められる年一回の人事考課が一番嫌な仕事だ。人事部から催促されるまで、いつも放り投げてある。私の評価に納得せず、言い合いになることもある。こっちの評価を予想していない人が多いし、結局のところ昇給幅が唯一の関心事だ。なるべく簡潔に、早く終わらせるようにしている。もちろん、彼らを良い方向に持っていこうと努力している。誰だって、もめごとは避けたいだろう。〈改善の必要を認める〉と書いておけば、少なくとも上司と人事部に煩わされることはない。一種のゲームだよ」

これが代表的なコメントとは言えないが、人事考課が好きな管理職はまずいないだろうし、むしろ恐怖感を抱いていると言っていい。しかし、本当の問題は、日々のなにげないフィードバックバックにあるのだ。

「自分の仕事をどう思っているかについて、ふだんから上司と会話を持ちたい。そこから学べるものはあると思うし、ひょっとしたら褒め言葉の一つもあるかもしれない。でも現実にそれを耳にするのは年一回の人事考課のときだけで、おまけにその評価には毎回驚かされる。人事考課以外の場で何かを言われたことは過去に一度だけ。私がひどい失敗をしでかしたときだったが、そのときはとても驚いた。暴動でも起こしたように言われた。そう言われても仕方なかったが、とにかく内心びっくりした。人事考課が始まると、いつも最悪のケースを覚悟している。たいていは事なきを得ているが、とにかく落ち着かない」

九つのガイドライン

パフォーマンスのフィードバックは、もっと頻繁に行うべきだし、そのやり方についても改善の必要がある。管理職の負担を和らげながら、社員にとって助けとなるフィードバックのガイドラインを、九項目にわたって紹介しよう。

❶パフォーマンスのフィードバックと年次人事考課の違いを理解する

ここでまちがえる管理職が多い。パフォーマンスのフィードバックは、**その必要性が生じたときに、可能なかぎり速やかに**行う必要がある。ある社員のパフォーマンスが満足できるレベルでなかったとしよう。まずやるべきは、本人に知らしめ、行動を改めさせることだ。

社員がそれまで知らされていなかったことを、人事考課の場で初めて聞かされるとしたら、人事考課のやり方としては落第である。年次人事考課は、パフォーマンスと能率を改善するうえで社員が進むべき改善ステップ、また昇給のために要求されるパフォーマンス、さらには、翌年度の目標設定について意見を交換するものでなければならない。

多忙な日々のなかで、上司と部下が集中して実質的な話し合いを持てるチャンスはなかなかないはずだ。これは、管理職の**義務**である。

❷社員は褒め言葉は聞きたがるが、改善を促す指摘には耳を貸さないという先入観を持たない

褒められるのは気分のよいものだ。厳しい評価より良いに決まっている。しかし、だからといって、「社員は達成できなかったことから学ぼうとしない」「もっと他に良いやり方があったのではと考えることもない」と見なすのはまちがいだ。

「フェアで、こっちの意見もよく聞いてくれる。でも、改善の必要を認めれば、ためらったりはしない。どんな状況でも、我々と一緒に対策を考える。彼女が上司で本当に幸

運だと思う。良い話し相手でもあるし」

「新しいリーダーの下で三カ月経ったが、本当に献身的で、情報をすべて公開してくれるので、自分たちの成長の度合いがすぐにわかる。以前は、フィードバックが皆無だった。前の上司は口では「よくやっている」と言っていたが、年度末の人事考課の評価の低さには驚いた。それなら、もっと早く言ってくれれば、直すべきところは直したと思う。今の上司なら、同じことは起こらないから安心だ」

社員が心底フィードバックを望んでいることが、おわかりだと思う。改善が、彼らに達成感とプライドをもたらす。だから彼らは、さらなる向上のために求められるものを知りたがるのである。では、管理職が逆の印象を持つ、つまり管理職が部下の改善点を指摘するのをためらうのはなぜか。

一つには、批判に対して神経過敏で、ほのめかすことすらはばかるような社員がごく一部に存在するからである。しかし、ごく少数の「仕事アレルギー」の社員のことを全社員に一般化してはならない。社員の大半がフィードバックに抵抗を示している、または、批判に過敏なように思えることがあったとしても、それは社員の心理の問題ではない。**管理職のフィードバックのやり方**に問題があるのだ。

また、部下を怒らせず、意気消沈させることなく、うまく改善点を提示するやり方がわからないということも原因として考えられる。だから改善点をはっきり指摘することを避け、漠然と遠回しに言うか、ほとんど何も言わずに済ませようとする。それすらできなくなると、今度は荒っぽいやり方で過剰反応してしまい、部下を呆然とさせたり、怒らせたりすることになる。

もちろん、躊躇せずに指摘する管理職もいるだろうが、そういう人はおそらく、部下の気持ちに対する配慮が薄く、部下の失敗には容赦のないタイプだろう。このタイプは、労働者は働きたがらないと思いがちだ。また、失敗や改善できなかった実例を指摘してやらなければ、社員のパフォーマンスは永久に改善しないと信じ込んでいるに違いない。興味深いことに、この傾向は、管理職間のやり取り、特に役員クラスが下位の管理職に行う場合にもよく見受けられる。むしろ、管理職同士のほうが顕著だろう。管理職が、同僚の前で露骨な叱責を浴びて恥をかくことはよくある。

だが、パフォーマンスのフィードバックを「先送りすることもなく」「自分が悩むこともなく」「部下を苦しませることもなく」やってのける有能な管理職もなかにはいる。そうなると、これはスキルの問題であり、働く人間に対して管理職が抱く根本的な考え方の問題である。自分の部下は良い仕事に対する意欲を持っており、それに対する観察や指導を歓迎しているのか。それとも、部下は意欲など持っていないと決めつけ、とにかく威嚇するしかないのか。あるいは、社員の自負心はちょっとした問題を指摘するだけで致命傷となるほど壊れやすいものなのか。

いわゆる「仕事アレルギー」や批判に対する神経過敏症のごく少数の社員を除けば、我々は最初の考え方を支持する。社員とは生産性と改善への意欲を持っているのだ。管理職がその考え方に立てば、必ず成功する。

フィードバックには、そもそもの出発点として、部下を支援・指導する管理職の意志が必要だ。目的は、感情を発散させることでも、恥をかかせることでも、叱りつけることでもない。**学ばせる**ことにある。

❸全体的なパフォーマンスが満足でき、会社もそれを高く評価している社員には、そのことを伝える

社員が働くなかで、その仕事ぶりがつねに満足できるレベルのこともあるだろうし、ときには群を抜いたものであることもある。また、逆に十分とは言えないケースもあるに違いない。自分の仕事が経営者や管理職からどう評価されているかを社員が理解することはきわめて重要だ。つまり、大半の人間は善良なのだがパーフェクトではない。改善を**絶えず繰り返すことが日常的である**状態が、社員と会社双方にとって有益なのである。

統計データによれば、「良い知らせよりも悪い知らせを、より速やかに伝えなければならない」という考え方には、大方の社員が賛同していた。だが、自分のパフォーマンスのどういう側面であろうが、批判されれば、どうしても心配や憤りのもととなる。その批判が的を射たものであっても、全体から見れば些細なものであっても、関係ない。

しかし、経営者や管理職が社員の仕事ぶりを支持し、改善の支援をしてくれているという信頼があれば、改善の必要性を指摘されることに抵抗はない。また、コメントや評価を心から

受け入れるには、事実に基づいた根拠、つまり、達成した**具体的**な成果を認め、評価することが必要だ。たとえば、「君の報告書を読んだが、よく書けていた。私が特に関心を持ったのは……」というように具体的に称賛すると、単なるPRを狙ったものではないという印象を持つ。具体的に指摘することで、社員はそれを維持しようと努力するはずだ。

❹改善を促すコメントは、具体的で事実に基づき、当人ではなく状況に対する指示でなければならない

前向きに改善点を指摘するフィードバックは、具体的で事実に基づくものでなければならない。パフォーマンスのプラス面についてのコメントはプラス評価を伴うものでなければならないが、改善点を指摘する際には否定的な言い回しは避けたほうがよいだろう。「これについてはよくやった」と述べるのは差し支えないが、「今回は駄目だった」では何の役にも立たない。そうではなく、「これには、別のやり方を考えてみる必要がある」と言えるはずだ。「良い（good）」「素晴らしい（great）」「優秀（excellent）」「一流（first class）」といった表現は、その評価を支える具体的な論拠を付け加えることで、社員のプライドを醸成し、そのパフォーマンスを高める意欲を増強する。しかし、パフォーマンスが満足できるものでなかった社員に、「不十分（poor）」「稚拙（shoddy）」「標準以下（below standard）」とわざわざ言う必要があるのだろうか。問題を事実に基づいて伝えるからこそ、本人も問題があることを認めるのだ。

否定的な評価コメントが社員のパフォーマンスに対してではなく、社員個人に対してなされ

ると、問題はもっと厄介だ。管理職の頭のなかにある社員の性格や意志についての辛辣なコメントはよく見受けられる。管理職が有益な助言と思って言っているつもりでも、言われた社員にしてみれば、自分の人格に対する攻撃であり、自己防衛に走るに違いない。さらに、管理職は心理学者として会社に雇用されたわけでもないし、社員や会社に心理分析を依頼されたわけでもない。要は、社員の**人格**ではなく、あくまで**行為**を対象とすべきなのだ。

ただし、例外がある。第一に、公式の人事考課は管理職がいろいろな評価指標に基づき、部下をランクづけする場である。「ここではよくやったが、こっちではそうは言えない」といったように、すべてが良い評価とは限らない。もちろん、誰だって悪い評価より良い評価を好む。しかし、人事考課は一年間の総決算で、報酬（昇給など）の根拠として使われるものである。これは誰もが認めざるをえないはずだ。また、社員は一年間の仕事の積み重ねが上司の目にどう映っているかを知りたいのだ。

第二は、誰の目から見ても明らかに見劣りする社員である。それは、速やかに本人に認識させる必要がある。

❺フィードバックは、社員のパフォーマンスに直接作用する行為だけを対象とする

社員や会社の成長性とほとんど関連しないのに、管理職が個人的に好ましくないと判断した社員行動だけについてフィードバックが行われるケースが見られる。たとえば、余暇の過ごし方、配偶者との関係、子女の教育など、仕事とはまったく別次元の問題である。勤務中の衣服

に過度に神経質な管理職もいる。自分の誹りを嫌う上司のことを苦々しげにこぼす社員もいた。

もちろん、そのようなフィードバックは、その管理職の個人的な好みや偏見以外のなにものでもない。管理職は仕事とその結果に大きく作用する要素に集中すべきである。その他の要素に口を挟むのは、社員のほうから求められた場合に限るべきだ。

❻フィードバックする際には、双方向のコミュニケーションに努める

何が問題なのか、そのために何をすべきかを単に社員に教えるのではなく、社員と一緒になってそれを洗い出していくのが思慮深いやり方だ。管理職は、部下の考えていることを尋ね、その答えに耳を傾けなければならない。つまるところ、実務に就いているのは社員である。パフォーマンスに関する問題の解消には、彼らの経験や判断を斟酌する必要がある。また、上司が部下のパフォーマンスを損ねている要因も話し合われなければならない。本音をぶつけ合うことで、部下を批判の対象としてではなく、改善のプロセスにおける「パートナー」以上の存在として意識することができる。また、部下の改善を支援する上司に気軽に質問できる雰囲気を作ることにもつながる。こう考えると、フィードバックに最も適したタイミングとは、もちろん、社員がそれを求めてきたときである。

❼フィードバックのゴールは、あくまで改善の実現を可能にするアクションにある

当然のことだが、これに反するケースが多い。問題の所在が部下の意志や性格にあると考え、

「もっと集中しろ！」「まだまだ足りない！」「無駄話をやめろ！」などと警告を発するケースだ。こういうコメントが効果的なのは、モチベーションの非常に低いごく少数の社員だけである。次の例に見られるように、求められるのは、実行可能で具体的なアクション・プランであって、人格改造ではない。

上司　私の上司が君に作成を依頼した報告書の締め切りについて話したい。最近、何度か締め切りを守らなかったようだが。

部下　具体的な締め切りを聞かされていませんでした。

上司　それがあの人のやり方だ。どんな指示も、彼の場合は「至急」なんだ。私も最初の頃、似たような経験をしたことがある。いつまでに必要かと聞いたとしても、「できるだけ早く」としか言わないはずだ。ということは、「すぐに始めて、一日か二日で仕上げろ」という意味なんだ。判断に苦しむのはよくわかるから、次回は私のところに相談に来なさい。

第二は、フィードバック対象の社員の範疇を超えて要求してしまうケースである。アクションとは実行可能なものであるはずだが、その要求が当該社員の直接コントロールできないことを必要としているかもしれない。次は、上司が部下の支援に積極的に動いた例である。

「うちのリーダーは、オープンで誠実。私は恵まれていると思う。いつも支援してくれるし、私に対しては格別という気がする。たとえば、私は今回のシステム変更についての知識がなかった。リーダーは資料を用意して、関連した研修コースを薦めてくれたうえ、困ったときにいつでも問い合わせのできる専門家を紹介してくれた。リーダーがいなければ、私はここに残れなかったと思う」

第三は、洗い出された問題やそれに対処するアクション・ステップで手一杯になってしまい、何もできない、またはやったように見せかけて終わってしまうケースである。経験則から言えば、社員に求められる主なアクションは一度に二つか三つである。その決定には、実現の可能性やパフォーマンスへの影響の重要度によって、優先順位をつける必要がある。

❽フォローアップで補強する

フィードバックを済ませたあとのアクション・ステップに対して、上司は進捗状況を確認する意味でフォローアップを行う必要がある。フォローアップは、変化が認められた部下を褒めて、さらなる努力を促す良いチャンスである。また、フォローアップによって、そのアクションの重要性を部下に再認識させることにつながる。

❾フィードバックは、把握している分野に限る

部下の仕事を把握していない上司からのフィードバックを大人しく聞かせるには、監禁でもしないかぎり不可能である。この問題は、大学を卒業して間もない人間を管理職に据える会社によく見られる。こういう新米管理職は、自分より経験も知識も豊富な部下を管理することになる。そんな管理職の下で欲求不満を募らせる社員の回答だ。

「若造を第一線の管理職に配置するのはやめるべきだ。卒業証書で何ができる？　指示は出すが、何一つわかっていない。一週間かそこらで十分と高をくくっているのだろうが、機械の調子や、誰がどこの何を知っているとか、全部わかるようになるには何年もかかる。昔なら、そういう経験を積んでランクが上がって職長になっていた。少なくとも自分くらいの知識がないとね」

自分の経験と自分のできる支援の範囲に対して、謙虚、誠実であらねばならない。

社員をどう称賛するか

ここまではフィードバックの認知的側面を扱ってきた。次は、情意のフィードバックである。

人間の根源的な欲求として、達成したことを認められるのは非常に重要だ。この欲求は、幼稚でもないし、神経過敏のなせる業でもない。幼児期および神経症（とその関係）に関する有名な研究者であるフロイトは、八〇歳の誕生パーティの席で、「人が称賛の言葉を嫌がることはありえない」と皮肉ったと伝えられている。

認められることの重要性を否定する、「褒め言葉はいいから、報酬の形で示してくれ」といった言質を耳にすることもあるが、そんな人にかぎって行動と主張が矛盾している。以前に我々が調査したあるメディア企業のＣＥＯは、プロとして認められることを望む高年俸の社員を嘲っていた。しかし、当のＣＥＯが業界の高名な賞の選に洩れたとき、彼がオフィスで当たり散らした物音が、周囲の人間の記憶に残っている。

精神的に健全な人であれば、自分の純粋な成果を認められたい気持ちはあるはずだし、自分の尊敬している相手がどう感じているかに関心を持つはずだ。自分のキャリアにプラスになるにせよ傷つくにせよ、彼らの意見は現実を物語っているからだ。

ここで、パフォーマンスへの称賛と第五章の「敬意」の違いを繰り返しておこう。「敬意」とは、公平感の問題であり、雇用関係を結んだことにより発生した社員に対する義務である。つまり、社員としての、また、人としての**人格**に対する作用である。一方、称賛とは、彼らのパフォーマンス、会社への貢献などの**行為**に対する作用である。

社員に対する称賛のやり方は主に四つある。

●**報酬**……………パフォーマンスに応じた報酬の差別化。
●**日常的な称賛**……特に上司が、ふだんから職場でこまめに褒める。
●**栄誉**……………公式の報奨制度の一貫として、特別賞を授与する。
●**昇進**……………上級職への昇級。

まず、「報酬」「日常的な称賛」「栄誉」を考えるべきである。これらはすべて、社員の担当業務に関わるもので、パフォーマンス以外の判断基準を一切必要としない。

経営者は、これら三つをそれぞれ個別に、またはセットで活用できる。この三つはある面では独立したものだが、別の面では相互に依存しあう関係にある。そして、各々独立した大義名分を持ち、それ以外のもので代行することはできない。

ある投資銀行の役員が我々に話してくれた経験談を紹介しよう。その銀行の会長についてである。ある年度末の、ボーナス支給の際の出来事だ。会長が彼の部屋に来て、「君にだ」と小切手入りの封筒を渡して出て行った。小切手の額面は五〇万ドルだった。しかし、彼によれば、腹が立ったそうだ。「どうして何も言葉をかけてくれないのか。自分のパフォーマンスに満足してくれているのか、私の去就についてどう考えているのか、まったくわからなかったからね」

社員のパフォーマンスに対して、感謝の意を上司から**一対一で直接聞く**ことが非常に重要なのだ。その投資銀行の行員によれば、会長は行員を「滑りやすい坂」に置き、自分の評価をずっと気にするように仕向けているという。会長は廊下で行員とすれ違うと必ず声をかけ、その行員の担当業務でうまくいかなかったこと、やり残していることについて話す。だが、多額のボーナスを支給するときに、感謝の意を口にすることはなかった。結局、その役員は六カ月後に退職することになった。

金銭とそれ以外の報酬の両方を求める欲求は重要である。どちらも、もう片方の代用品にはなりえない。そして、その両者は、二つの意味で相互に依存している。

第一に、両者には、足し算的ではなく、掛け算的な相乗効果がある。逆の言い方をすれば、どちらか一方が欠けると、もう一方の効果まで打ち消してしまうことは、先の例でわかるだろう。「感謝の意」の表明がなかったことが、少なからぬボーナスのポジティブな効果を台なしにしたのだ。また、会社の公式の報奨制度である「栄誉」についても、賞金をつけることで効果は増大する。お金と言葉をセットにすることで、会社の確固たる意思を社員に伝えることができるのだ。もちろん、ふだんの「日常的な称賛」に金銭が必要だとは我々も考えていない。しかし日常的な発言は、タイムリーに社員の報酬に反映させなければ、その価値はなくなってしまう。

第二に、称賛する基準に一貫性を保つ意味でも、金銭とそれ以外の報酬は互いに依存しあう関係にある。たとえば、品質改善に取り組むのであれば、品質に貢献した社員を表彰する公式の報奨制度の活用が考えられる。日常的な称賛や昇給では、そのメッセージが表れない場合があるからだ。「称賛」の効果を最大限にするには、それを複数の構成要素の**集積**と考え、構成要素同士の整合性や、会社のゴールおよび価値と「称賛」との整合性を（首尾一貫して）図らねばならない。「称賛」のベストな方法について次にまとめた。

●**称賛する対象が具体的であること**……社員の具体的な成果を対象とすることで、経営者や管理職が求めている特定の行為を強調し、称賛に表裏のないことを裏づけることができる。

●**本人に直接行うこと**……当たり前のことだが、遠方からだったり代理を立てたりしては、対面ほどの効果はない。

●**タイムリーであること**……称賛されるべき行為があったら、可能なかぎり速やかに行う。一般に、行為の完了から称賛までに時間がかかればかかるほど効果は小さくなる。迅速さは、まず「日常的な称賛」に求められる。「報酬」や「栄誉」は通常、即時に現場で行うことはできない。称賛を日常的に行い、その言葉を、会社が金銭と公の場での報奨で補強する意思を明らかにすることは、「補強したものをさらに補強する」意味で重要だ。三つの形式をセットで使用すれば強力なパッケージとなる。

●**真摯であること**……**「称賛」はきわめて重要であること**と、**部下はその発言内容の一言一句に耳を傾けている**ということを肝に銘じなければならない。「よくやってくれた。

どうしても、それを伝えておきたくてね。特に……は、君のおかげだ」というように、飾らず、単刀直入に伝えるほうがよい。複数のメッセージを込めてしまうと、たとえ好意的なコメントで締めくくっても、否定的なコメントだけが社員の頭のなかに残ることが多い。人は、自分の貢献に見合った率直な褒め言葉を求めているのだ。それが伝えられたときに初めて、心からうれしいと感じるのである。

●**「称賛」は、個人とグループの両方を対象に行う**……第四章の「報酬」では、グループとしての成果に対する業績給を提案した。出来高給やメリット・ペイなどの個人を対象とした報酬制度はチームワークを損ないがちである。それでも、グループ内で他よりも貢献度が抜きん出ている社員の存在は無視できない。給与やボーナスがグループ・ベースであれば、仲間がまず認めるだろう。飛び抜けた社員はグループ全員に経済的な恩恵をもたらしたのだから、所属するグループが認めるのは当然だ。

個人と集団の両方を対象に三形式すべてを駆使して初めて、社員の努力に相応しい「称賛」となるのである。業績給に関してはグループを対象とすべきだと述べたが、「日常的な称賛」は個人を対象に行われることが多いだろう。また、チャンスがあればメンバーを一堂に集め、グループ全体に対して感謝の意を述べるべきだろう。

公式な報奨である「栄誉」の対象も個人と集団の二通りが考えられるが、対象となる行為は真に傑出した貢献に限るべきだろう。また報奨制度は一つあるいはごく少数に制限すべきだ。対象範囲を広くするために、経営陣が制度の改正を繰り返しているケースがあるが、それでは意義が薄くなるばかりである。

また、受賞者の選考は、対象を個人およびグループとして、社員の参加者も含めた委員会で行うものとする。そうすることで、時間は余計にかかるかもしれないが、選考への不信感を薄め、公平感を印象づけることができる。

上級職へ昇進させる

称賛の方法として強力なものがまだ残っている。上級職への「昇進」である。これが強力であるのは、金銭、ステータス、公式の認定、より高度で権限のある仕事など、複数の報奨を同時に付与することができるからだ。

社員にとっては、会社が昇進にどれくらいコミットしているかが問題となる。一般に企業は次の二つのタイプに分類できる。社内の人間の登用に熱心なタイプと、既存の社員を「キズもの」と見るタイプである。管理職選考に関する方針を聞かせてくれたある企業の管理職によれば、「自社の社員には荷が重いので外部から招聘するという考えが大勢」とのことだ。これに関しても、自由回答での書き込みが多い。

「ここでは昇進の可能性がきわめて少ない。重要な管理職や専門職には、外部から人を雇い入れることが多い。このやり方では、社内の有能な候補者を見落とすことになる」
「この部門の役員は、社内からの昇進にまったく関心がないようだ。有能な人材は社外にしかいないと本気で考えているのだろうか。この会社と製品に関する経験は関係ないというのか」

社内登用を重視しない企業には、次のような損失がある。

- 自社の社員の能力を信頼しないというメッセージを伝えることになり、人材の重視から生まれるコミットメントと情熱を損ねている。
- 昇進や昇進の可能性からモチベーションが生まれる力を失い、やる気に満ちた社員を沈滞させる。
- 階層を問わず、**その会社**のビジネスに精通した労働力の蓄積が困難となる。
- 企業目標や企業文化の継続性を損なう。
- 外部雇用に伴う補充・研修コストが増加する。

企業が社内の人材登用を行わない主な理由は三つある。第一に、そのポジションに相応しい人材が社内にはおらず、社外に存在するケースである。第二は、財政難に陥った、あるいは沈滞ムードの会社が「新しい血」を求めるケース、第三は、会社としての新たな分野における「開発的」なポジションに、高い潜在能力を持つ人材を据える必要が生じたケースである。

しかし、社内登用を貫く会社のパフォーマンスがそうでない会社を上回っていることが、各種の調査で明らかになっている。たとえば、『ビジョナリー・カンパニー』で行われた両者の比較によれば、パフォーマンスの高い企業では、パフォーマンスの低い「企業よりはるかに、社内の人材を育成し、昇進させ、経営者としての資質を持った人材を注意深く選択している」。実際、パフォーマンスに優れた企業が、CEOとして生え抜きの人材を登用する確率は、その他の企業の六倍に達しているのだ。[1★]

完璧でなくとも最適な人材は経営者や管理職の目と鼻の先にいる。見渡せばすぐにわかる。見渡しても見つからないのは、たぶん、人材不足ということではない。マネジメントの円滑な継承や人材開発制度が実現できるレベルほどには、人材を開発しきれていないのである。あるいは、優良な社員がチャンスを奪われて沈滞しているのである。

会社は、空いた職位には社内から登用すべく、すべての人材の可能性をまず模索すべきである。各人材の技能規定制度や技能開発制度と連動させれば、より効果的だ。

1★James C. Collins and Jerry I. Porras, *Built to Last*. New York: Harper Business Books. 1997, pp. 173–176.
『ビジョナリー・カンパニー ── 時代を超える生存の原則』山岡洋一訳、日経BP出版センター、1995年から引用。

パフォーマンスの劣った社員への対処

パフォーマンスが誰から見ても不十分な社員は、その会社に、少なくとも現在の担当業務に留まるべきではない。全体から見ればわずかな割合でも、管理職の時間を少なからず消耗することになる。パフォーマンスが不十分な社員とは、次の三つのタイプである。

●能力指導、明確な目標、それなりの刺激を与えれば、現職のままでも満足できるレベルに引き上げられるタイプ。
●職種もしくは所属する会社自体の選択をまちがえているため、環境を変えなければ改善が望めないタイプ。
●どんな指導を与えても、また、どんな職種や会社においても、現状が変わらないタイプ。

劣った社員を放置すれば、同僚の士気に重大な影響を与える。彼らを対象とした調査で明らかになったのは、パフォーマンスの劣った社員に対する会社の姿勢である。「パフォーマンスの劣った社員への会社の対処の姿勢をどう思いますか?」という質問で得られた結果の平均値は**表1**のとおりである。

これは、社員の四一%(二九%+一二%)のパフォーマンスが劣っているということではない。

表1 「パフォーマンスの劣った社員への(会社の)対処の姿勢をどう思いますか?」という質問に対する回答

回答	全回答者中の比率(%)
きわめて過剰	2
過剰	5
適正	52
過小	29
きわめて過小	12

劣った社員の割合は全体から見るとわずかなもので、各部署ではせいぜい一名か二名といったところだろう。しかし、その悪影響は多数の社員におよぶ。なかでも、経営者や管理職がこの問題を放置しているという印象を社員に与えることが最大の問題だ。

以前に、ある政府系機関で、ある部署の職員一〇名全員参加のフォーカス・グループ・インタビューを実施した。その場で参加者の多くから出た苦情のなかに、「一日中ぶらぶらしている」職員に関するものがあった。その職員についての議論は延々とつづいた。その部署の全員が参加していたのだから、本人もその場にいたはずである。だが、話題が変わると、それまで発言しなかった一人の職員が喋り出したのだ。残りのメンバーは一斉に司会者のほうを見て頷いた。彼らは、怠け者が誰かを司会者に無言で伝えたのである。

犯人が誰かだけでなく、その原因や解決策に関しても、同僚たちの考えは一致していた。研修不足、社員と仕事内容のミスマッチのように、同僚に関する問題の分析に関しては、社員のほうが洞察力はある。そうでなければ、「もう、どうしようもない」で片づけるはずだ。手助けできると感じる人に対しては援助を望んでいるし、矯正不可能と判断した人の処置に対して複雑な思いを抱くのも無理はない。誰だって、同僚が解雇される姿など見たくはないのだ。しかし、その社員の改善に相応の努力を払い、または、公平に処遇を行ったと思えば、納得することになる。

パフォーマンスが劣る原因が何であるにせよ、**速やかに**、**公平に**、**毅然と**対処することが重要である。まず、指導を与えることである。問題の所在を明らかにし、改善するにはどうすればいいかについて、その社員自身の考えを述べる機会を設けることは重要だ。また、改善目標の設定と、満足できるレベルに達したか、少なくとも十分な改善が見られたかを検証するフォローアップも必要である。そして、十分に時間を取ってもなお改善が見られない場合は、上司は（その上長および人事部との協議を経て）人事異動または解雇を検討することになろう。次の二つのタイプの社員には、人事異動は避けるべきである。一つは、対処できる能力のある職務が社内に見当たらないケース、もう一つは、能力はあるが過剰に反抗的あるいは受動的など人柄に問題があって、部署を変えても同じ結果に終わる可能性が認められるケースである。

訴訟沙汰を避けるためだけではなく、法的要件に沿うものでなければならないことは言うまでもない。法規に従うことには時間もコストもかかるが、法規の目的はそもそも経営陣の恣意的な行為から社員を保護することにある。また、法規に従うことで、経営陣の公正さに対する社員全体の信頼を育てることにつながる。

経営者や管理職はパフォーマンスの劣った社員への対処の遅れの責任を、組合や行政規則、人事部に転嫁することがよくある。しかし、先ほどの質問に対する回答を、組合のある企業・ない企業で比較したところ、データの差異はほとんど認められなかった（**表2**）。つまり、問題は組合が課した制約条件にあるのではなく、**マネジメント**にあるのだ。

表2 「パフォーマンスの劣った社員への（会社の）対処の姿勢をどう思いますか？」という質問に対する、組合のある企業・ない企業別の回答

回答	全回答者中の比率（%）組合のある企業	組合のない企業
きわめて過剰	2	3
過剰	6	4
適正	48	52
過小	31	29
きわめて過小	13	12

第九章

会社のビジョンと価値基準を伝える

認知にせよ、情意にせよ、きわめて重要な機能がフィードバックにはある。それは、会社としての優先順位を社員に伝達する役割だ。社員は、会社が公式に表明したビジョンや価値基準より、職場で毎日上司から聞かされていることや、給与が決められる基準のほうが大切だとすぐに考える。たとえば、会社がカスタマー・サービスの重要性をいかに説こうが、コールセンターの社員が、処理したコール数が不十分なときだけ管理者に何かを言われるとしたら、彼らは、会話の質ではなく量をさばくのが大事だと考えるだろう。もしその会社が企業倫理を口にしながら、適正なコール数をさばいているだけの社員に対して見て見ぬふりをしていたら、「あまり杓子定規になりすぎないように」というメッセージになる。あるいはその会社が「すべてにおけるエクセレンス」を求めておきながら、パフォーマンスの劣った社員に無策でいるなら、「エクセレンス」は、実際の行動と一貫性のない、大げさな建前になるのである。

明確なビジョンや価値基準は、会社が本気で取り組めば必ず効果をもたらす。パフォーマンスのフィードバックや称賛を通じて伝えられるメッセージに、ビジョンや価値基準が表れるのだ。そして、重要な目標と価値に向かって仕事をすることで初めて、社員は会社が重視するビジョンと価値基準を悟るのである。会社側の言行不一致は、何も伝えないよりずっと悪質だ。そのギャップは、経営者の能力や真の意図に対して皮肉を生むからである。

10 連帯感を強める——チームワーク

団結しなければならない。自信をもって申し上げよう。
独立した存在として、団結するのだ。

ベンジャミン・フランクリン

人間とは、つまるところ社会的な動物である。他者と共にあるという帰属意識や他者と助け合う喜びに見られるように、健全な人間が集団を構成し、生活の大半を他者、特に家族、友人、仕事仲間と共同で過ごすのは自然なことである。

本書の主題は職場だが、職場の人間関係そのものではない。しかし、職場における社員同士の社会的関係の質、いわば「社会関係資本」[1★]はきわめて重要である。それは、連帯感が人としての普遍的な欲求であるからだけではない。他者との協働関係が、効率的なパフォーマンス、ひいては仕事で何かを達成するうえで、決定的に重要だからだ。

1★Social Capital：ソーシャル・キャピタル
信頼関係、社交ネットワークやコミュニティなどの人と人のつながり。
参考文献：Don Cohen's and Laurence Prusak's, *In Good Company: How Social Capital Makes Organizations Work*. Boston: Harvard Business School Press. 2001.『人と人の「つながり」に投資する企業』沢崎冬日訳、ダイヤモンド社、2003年

休憩やおしゃべりは無駄なのか?

産業心理学や組織心理学が産声を上げたのは一九二〇～三〇年代のことで、労働者のモチベーションや行動にまつわる偏見に対する反動という側面が強かった。産業界における「人間関係論」の創始者と目されているエルトン・メイヨーは、有名なホーソン実験[1]の結果に基づき、労働者の社会的欲求をその理論の中核に据えた。

> 仲間と協同で働きたいという欲求は、最大とまでは言えずとも、人間の大きな特徴である。そして、これに対する経営者や管理職の無関心、またはこの衝動を阻止しようとする思慮のない試みは、たちまち何らかの形でマネジメントの敗北につながる。[2]

「マネジメントの敗北」でメイヨーが伝えようとした意味は何か。それは、第一に社員の士気への悪影響、第二に職務を問わず効率的なパフォーマンスに必要な協力関係の低下である。この分野は、「人間関係論」の登場以来、長い道のりを歩んできたが、働く人の満足とパフォーマンスにとって、社会的な関係が重要だということは誰も否定できないだろう。

だが、今日の管理職は人間関係に関する訓練を受けてもなお、社員の仕事中の人づきあいに対する懸念を容易に改めようとしない。役員クラスでも、その懸念は消えていない。たとえば、

1★米国ウェスタン・エレクトリックのホーソン工場で、ハーバード大学社会心理学教授のエルトン・メイヨーたちが1924～32年に行った実験。電気製品部門の女子組立工の生産性を対象に、照度を変えてみた結果、生産性と照度には何の関係もないことがわかった。また、面接実験では、監督者が社員に関心を持っていることを語らせることにより、監督者が人の話に耳を傾ける訓練ができ、社員が気持ちよく働けるようにもなった。この実験では、人間関係に注目し、経営者や管理職がこれを深く理解することが重要であると指摘している。また、組織の生産性に最も影響を及ぼす要素は、賃金や労働条件ではなく、仕事上で発生する人間関係であることを明らかにした。

ある大手のコンピュータ・サービス会社で行ったインタビューのなかで、そのCEOは部下の管理職について次のように話している。

「私の直属ではなく、その下にいる管理職のことで気になることがあってね。彼らのランチの時間が二時間を超えることがあるらしい。クライアントと食事することもたまにはあると思うが、身内同士のときには、本当かどうか知らないが、会社のことを批判しているようだ。しかもランチ代を経費で落としてだよ。月に何回かあるらしい。彼らの言葉によれば、話題は会社の仕事のことだと言うのだが、実際のところはわからない」

しかし、問題となった管理職本人に話を聞くと、まったく別の光景が見えてきた。彼らによれば、ランチは単なる社交の場ではなく、電話や上司に邪魔されずに得るものが非常に大きいというのだ。ランチは、ほとんど会議と化していたのである。会社にとっては、金銭に換算できない価値があるはずだというのが彼らの言い分だった。週に六〇時間以上働く彼らにしてみれば、ランチの時間を気にする人間がいること自体、不思議でならないのである。

そもそも社員は、時間を無駄にしたがるのか。そういう社員もいるだろう。注意しなければ、一日中おしゃべりする人もいる。しかし、圧倒的多数は、時間の浪費に不満を感じるのだ。彼らは、非生産的な会議など、仕事中の時間の浪費や過度の休憩を嫌う。もちろん、毎日、寸暇を惜しんで働き詰めるなど誰も望んでいないし、非現実的である。休暇と同じく、休憩は時間

2★Mayo, E. *The Social Problems of an Industrial Civilization*. New Hampshire: Ayer. 1945, p. 111.

の無駄ではない。

結論からいえば、休憩やおしゃべりに対する懸念など不要だ。むしろ、奨励すべきである。一時的に仕事を中断することは、社員全体のパフォーマンスを押し上げるとともに、社員の幸福と健康に対する経営者や管理職の関心の証となるのだ。

仕事中の交流がチームワークを促進する

休憩時間中の周囲との交流は、社員の楽しみの一つだ。しかし、**彼らにとっての最大の楽しみとは、共通の目標に向かって働くチームの一員としての交流である。**そこから生まれる社員の士気は計り知れない。おしゃべりの大部分は、仕事に関連している。チームワークに優れた会社では、仕事と休憩時間の境界線は曖昧だ。たとえ話題が仕事以外であっても、おしゃべりはメンバーの関係を強化する。チームワークと率直な会話を繰り返すことで、**ワーク・コミュニティ**が確立される。人はそこで、交友関係を楽しみ、相手に対するコミットメントとグループとしての達成感とプライドを共有する。

社会的な協力関係が仕事に不可欠である以上、社会的関係は人にとっても仕事にとっても重要である。もっとも、チームワークが不要な仕事は多いと考える管理職や経営学者がいるのも事実だ。よく引き合いに出されるのは、非常に細分化された作業をする組立ラインの労働者の例である。単純で、標準化が行き届き、各手順に区分けされた作業において、チームワークがどうパフォーマンスを向上させるというのか。ただでさえ会議が浪費している時間を、さらに浪費するだけではないか。だが、そうした懐疑論が誤りであることを、これまで述べた社員参加型マネジメントの事例が示したはずだ。

同じことがチームワークについても言える。社員参加型マネジメントの事例では、自主管理チームのようなチーム手法が採用されてきた。この手法は、問題解決と意思決定に、部署内および部署間の連携を要求する。だからこそ、企業にとってきわめて有効なのである。

仕事が標準化され、機械のように細かい手順に体系化されていても、同じことが言えるのはなぜか。それは、作業が細分化されると、「全体」を受け持つ場合よりも、「構成部品」同士の相互依存性が高まるからである。ある業務の一工程だけを担当する社員のパフォーマンスは、その前工程の担当者から成果物を定刻どおりに受け取ることができるか、そしてその成果物が自分の担当作業に要求される品質レベルに達しているかに依存している。シフト制を敷く職場なら、前後のシフトで同じ工程を担当する人間とのスムーズな「引き継ぎ」に依存することになる。あるいは、作業遂行に必要な資材提供を担当する支援部署の協力も仰がなければならない。製品仕様や作業手順に頻繁な変更があれば、変更内容の伝達や必要な研修に他部署の手を借りなくてはならない。

このように、高度に細分化された仕事では、社員間に**あらゆる相互依存**が存在する。細かく分けるほど相互依存性も大きくなるが、チームワークは、階層を問わずすべての仕事に必要となるのだ。**会社内の構成要素を一つに結びつける接着剤の役割を果たすものは、職務記述書でも組織図でも作業手順書でもない。それは協力関係である。**

部署間で対立する原因を探る

良好な協力関係は大きなシナジー効果をもたらす。個人の集合体以上の存在として組織が運営されれば、個々の総和以上の力を生む。いかなる場合であろうと、グループとしてのパフォーマンスが一個人単独の仕事に優っていることは、調査結果も示している。集団は、それがもたらす団結心に加え、適正に管理されることにより、問題解決と意思決定の正しい方向性に必要な新しい展望をもたらす。[1★]

第二章で述べたとおり、我々の調査によれば、部署内のチームワークは良好（七三％が満足）だったが、部署間ではかなり下がった（五一％が満足）。部署内で良好だった理由は、協力したいと思うのが当然だからであり、そうした関係を管理職に邪魔されないかぎり、人は自ら協働する道を探る。

組織は、その必要があるからこそ、事業単位または機能単位に分けられており、メンバーにとっては、その組織の目標達成が最優先事項である。彼らは、自分の目標達成が、自分はもちろん、会社全体や関連部署にも便益をもたらすと信じている。

1★Hill, G. W. "Group Versus Individual Performance: Are N+l Heads Better than One?" *Psychological Bulletin*. May 1982, p. 535およびMorgan, J. and Blinder, A. "Are Two Heads Better than One: "An Experimental Analysis of Individual Versus Group Decision Making." *National Bureau of Economic Research*. September 2000, No.7909 参照。

しかし実際問題として、他部署からは奇異に見えることも珍しくない。たとえば、「ライン」機能と「スタッフ」機能の争いに悩む企業は少なくないはずだ。製品開発、生産、販売などのライン機能は、会社の最終目標達成を直接担当する。一方、IT、人事、財務、法務などのスタッフ機能の責任は、ライン機能の業務を支援することにある。ちなみに「スタッフ」という言葉の由来は、歩行を補助する杖や棒、もしくは「サポート」を意味するサンスクリット語にある。スタッフ機能の社員は、自分たちは惜しみなくライン機能に協力しているのだから、ライン機能に歓迎されてしかるべきだと信じている。一方、ライン機能の社員も同じことを考えている。

だが、部署間のもめごとは、ラインとスタッフの関係に限ったことではない。生産部門と営業部門間の緊迫した関係についても考えてみよう。どちらも、ライン機能である。

まずは、営業側の言い分だ。

「うちの生産部門は顧客の要望の変化に対応できない。それが原因で受注できないことも少なくない。柔軟に対応してもらうには、どうすればいいのだろう？ 新しい方法で納期を早めることに対しては、完全に後ろ向きだ。おまけに、こっちの問い合わせへの返事に、何日もかかることがよくある。よその会社とのやりとりのほうが、まだましだ」

次は、生産側の言い分である。

「営業の人間は、作っている製品や必要なリードタイムをもっと理解してくれないと。不可能な納期を顧客に約束してしまうので、本当に頭にくる。事前に一言相談してもらいたい。でないと、例外対応が増える一方だ。同じチームの一員とは思えない」

共に働くということは人間の本能であるが、その内部には不協和音が少なからず存在する。先ほど触れたワーク・コミュニティが、会社全体に広がることは少ない。皮肉なことに、この問題は、連帯感への欲求によってさらに増幅される。つまり、他者との強い関係を求める欲求は、自分の所属しない集団との関係を犠牲にして満たされることがあるのだ。所属グループ以外の人間は、誰であれ競争相手となり、そのグループは「敵の野営地」と見なされる。

利害の対立は、本来有害なものではない。衝突と、それに付随して起こる競争は、我々の経済および政治システムの根幹であり、それが生むメリットを我々は享受している。たとえば、同じ業種に属する企業が、お互いに激しく競い合うのは必然である。

しかし、このような激しい競争が企業内に持ち込まれると、企業としての効率が大きく損なわれる。主なデメリットは、その争いに勝ち抜くために浪費される資源、連携・協調関係の喪失、社員の士気への悪影響である。長期の衝突により、社員のパフォーマンスは抑制され、会社の業績も伸びず、とにかく疲れることこのうえない。

また内部の衝突は、組織を消耗させるだけでなく、無益かつ不合理である。関係者全員で協力的な、双方丸く収まる関係を築くことで解決できるからこそ無益であり、両者間に存在する必然的な利害の相違からくる誤解が原因であるからこそ不合理なのである。

社内の内輪もめの原因は、利害の本質的な対立にあるのではなく、対立が存在するという心象にある。たとえば、ＩＴ部署とそのユーザー部署の利害は、本質的に対立しているだろうか。両者の**振る舞い**はそうかもしれないが、本来ＩＴ部署は、ユーザーの仕事を支援するためにあるのではないのか。それ以前に、会社の成長が両者の究極の目標ではないのか。両者の振る舞いがそうでないのは、どちらも、相手が単独で自己利益を追求するあまり、自分たちの利益を阻害していると考えているからである。その結果、両者とも自己防衛に走り、対立が長引くと相手の意図に対する悪意が強まっていく。両者は勝手な想定のもとに相手の足を引っぱりあい、心象にすぎなかったものが**現実に**なる。つまり、対立が存在すると信じ込むところに、対立は存在する。今は存在しなくとも、すぐに生まれるのだ。

利害対立を防ぐ

たいていの管理職は、個人や組織間の争いが異常なことであり、不要なコストを生むことを十分理解している。一般社員と同じく、争うために職場に来たくはないのだ。**協力しあって働きたいという根源的な欲求を理解することは重要である。なぜなら、この願いが、疑心**

暗鬼の積み重ねが解けたあとに築かれるチームワークの基盤となるからである。

利害対立は、そのベースが現実のものか、心理的なものかによって異なる。そこで、利害対立を防ぐ手だてには、基本的に次の二つがある。

●コンフリクト（利害対立）・マネジメント……各部署は、争いをやめ、事態収拾のメカニズムを確立することに合意する。

●パートナーシップの確立……各部署は、共通の目標を目指して、協力関係を積極的に築くこと、利害対立とそこから生じるコストを最小化するだけでなく、付加価値が望める関係を樹立することに合意する。

現実の利害の食い違いに起因するケースでは前者が、誤解に起因するケースでは後者が適切である。よい例が労使関係だ。敵対的で無益な労使関係は、会社と社員双方が紛争防止・処理メカニズムに合意する関係に変えられる。利害対立のマネジメントを通じて、苦情申立制度で紛争を事前に抑制することもできるし、雇用契約を取り消される前にスト回避のための交渉を開始することも可能である。これは両者が、各々の利益よりも、両者が享受できるはずの経済的なパイを目減りさせる利害対立のコストを抑えることで、両者全体の利益を優先したときに初めて実現する。

次なるハードルは相手に対する誤解である。たとえば品質に関しては、社員側は、経営者や管理職が求めているのは品質に関係なく、あくまでその生産量だと考えがちだ。一方、管理する側は、社員は品質を重視しないと思い込んでいる。どちらも正しくない。少なくとも、かなり曲解している。誤解の所在をはっきり突き止めないかぎり、両者は品質改善を持続させられる盟友にはなりえない。第七章で述べた自主管理チームのように、すべての関係者が同じ目標を共有しているという信頼感が、成功のための土台となる。

誤解を洗いだす

組織の対立解消への第一歩は、いろいろな誤解を「白日の下に晒す」ことである。インタビューやアンケート調査を行うのがベストだろう。双方が実際にはいかに**よく似ている**かが、はっきりわかるからである。

ある大手金融サービス会社におけるIT部署とそのユーザー部署の関係を検証してみよう。この調査のきっかけは、ユーザー部署のIT部署に対する強い不満感だった。苦情の内容は、ミス、コストのかかり過ぎに始まり、ときに「態度」にまで至る。IT部署の人間は、ユーザーに良いサービスを提供することに無関心だったのだ。この企業の役員はおおむねユーザー側に同情的だったので、IT部署の問題点と対処法の洗い出しを我々に依頼してきたのである。

我々は、関係部署の全管理職と非管理職の代表に対して、徹底的なインタビューを行った。そこで明らかになった事実は、当初の予想よりも複雑なものだった。犯人はどちらの部署でもなく、元凶は両者の関係にあったのだ。

まず、どちらの部署も自分たちの能力、会社の利益に貢献するコミットメント、収益に対する努力には確信を抱いていた。外からの印象とは違い、ＩＴ部署の職員は高い品質を、迅速にコストの無駄なく提供していると確信していた。

しかし、双方とも、相手は**自分の**部署の成功だけにコミットしていると見ていた。ＩＴ部署から見れば、ユーザーの要求は常軌を逸したもので、頻繁に気が変わり、コスト感覚も持っていない。しかも、ユーザーはテクノロジーに無知であること自体に気づいていないし、ＩＴ部署の不満に関心を持とうとしないという思い込みが事態を悪化させる。さらには、パーフェクトな納期、パーフェクトな品質を要求する「最優先」プロジェクトに始終追い立てられているという不満がある。

一方、ＩＴ部署に対するユーザー側の偏見は広く共通している。「時間的な緊迫感がなく、よく納期に遅れる」「説明しているのにユーザーの最終目的を理解できない」「ユーザーのアイデアや提案に抵抗する」「品質面でいい加減な場合がよくある」「基本的な対応が悪い」「コストがかかりすぎる」などと考えている。要は、ミラー・イメージなのだ。

ビジネスとして割り切れるくらいなら苦労はしない。子どもじみていようがいまいが、こうした感情的なやりとりが人間関係を歪め、誤解を生む。この感情を育んでいるのは、自分たち自身である。それが全員の利益と士気に、避けられたはずの大きな損害を与えつづける。

ワークショップで解決する

では、パートナーシップの確立に向けた一つのアプローチを紹介したい。そのプロセスを管理するのは、通常は第三者であるファシリテーターだ。その最重要任務であるパートナーシップ確立の集中ワークショップの基本ステップを次項にまとめる。

●**オリエンテーションと現状確認**……ファシリテーターは、まず実施企業の経営陣に面会する。そこで、彼らから見た状況説明を受け、パートナーシップの確立が目指す最終目標を理解する。そして、実施プロセスの概要と問題、関係者、企業風土から見たその妥当性を確認する。最後に経営陣に、真のパートナーシップを持続させるための資源と時間を提供する決意を促す。

●**計画立案**……実施プロセスの目的、手順、スケジュール、想定される具体的な成果を最終化する。

●**情報伝達**……パートナーシップ確立の目的および計画を、プロセスが対象とする全社員に伝達する。

●**診断**……インタビューやアンケートによる調査を行う。調査は、対象メンバー本人と、その人が他部署に対して抱いている考え方の全貌を明らかにする。内容は、パートナーシップを築けていない原因や結果をどう考えているか、パートナーシップを育てるための提案、パートナーシップが便益もたらす可能性のある具体的な課題や機会におよぶ。

診断に引きつづき、ワークショップを開催する。ワークショップは通常三日前後とし、参加者は、パートナーシップの確立によって大きなメリットを得られる社員とする。参加者が基本原則を守るかぎり、ワークショップが成功することはまずまちがいない。参加者自身が成功を望んでいるからである。彼らは共に働くこと、チームワークが生む高レベルのパフォーマンスを望んでいるのだ。ワークショップの開催期間中にファシリテーターが守る基本原則は次のとおりである。

●**ビジネス志向**……このプロセスは実際のビジネスに直結したものでなければならない。目的は、パートナーシップを確立することにあるのではなく、パートナーシップを確立して企業目的に邁進することにある。したがって、参加者は、チーム作業に適した実際のプロジェクトで協働する。そのなかで、人間関係を割り出し、解決に向かわせる。ワークショップはそのために、問題を評価し、話し合い、解決するための時間を確保する。

●**オープンな雰囲気**……参加者が自由に発言できることは重要だ。そのためには、前もって参加者の意見を診断用データとして収集したうえで、ワークショップで参加者自身および他部署に対して抱いている考え方を評価するのが望ましい。ワークショップの冒頭で、ファシリテーターはそのデータを提示し、その場で取り扱うテーマをすべてオープンにしてディスカッションを始める。少なくとも最初は、参加者は発言をためらうはずだが、そうすることで、出されたテーマはすべて、「タブーではない」テーマとなり、その後もオープンな雰囲気を維持する一助となるだろう。

●**建設的な雰囲気**……オープンな意見交換はお互いの尊重につながる。お互いの尊重とは、相手の状況を理解しようと必死で努力する姿勢の証明である。それが、共通の問題に取り組む意思、相手も同じ努力をしているという信頼感につながり、無礼な言動を慎むことにもなる。

●**フォローアップも含めたアクション・プランの策定**……ワークショップの成果は、関係部署が密接に協力した結果であり、共通の企業目的に大きく貢献することになる、共同策定のアクション・プランである。このアクション・プランには、合意したアクションが実行されたかどうかを検証するフォローアップの仕組みや、部署間の協力関係を強化するための会社全体の給与制度の変更をも視野に入れた構造改革を含める。

●**柔軟なアプローチ**……基本原則はあるにせよ、アジェンダ（議題）は、状況を見ながら随時変えたほうがいい。ワークショップ内の議論は、流動的で想定外のものが多いので、現場での微調整が必要である。

生産的なワークショップの条件とは、参加者の周到な準備、オープンで礼儀をわきまえた意見発表、そこで明らかになった目的にあくまでこだわること、現場に応じたアジェンダの修正を躊躇しないことである。

ワークショップにおける代表的なアジェンダは次のとおりである。

1 経営陣とファシリテーターは、ワークショップの目的、アジェンダ、基本原則を確認する。

2 参加者は、関係部署との関係について考えを発表する。つまり、その強み、改善が必要な点、連携により飛躍的に改善されると思われる具体的なビジネスの行為である。

3 ファシリテーターは、診断調査で明らかとなった事実を発表する。通常は、参加者の発表に比べて、よりセンシティブな問題を扱うことになる。

4 参加者の発表と診断調査の結果について、ディスカッションを行う。人間関係（「緊張の原因となった誤解」など）から始め、その結果、業務で実際に何が発生したかを確認する。

5 参加者は、関係部署の連携により得られるものが大きいと考えられる優先事項を決定する。そして、問題への取り組み方をワークショップで決定する（「グループ全体で取り組むのか、サブグループで取り組むのか」など）。

6 参加者は優先事項の決定を踏まえ、それに対するアクション・プランを策定する。

7 ワークショップは、次のメカニズムを確立して締めくくる。

● アクション・プランの確認、最終決定、実施。

● 関係部署の協力関係を維持する方法を決定する。これがなければ、参加者は過去の緊張関係を生んでいたプレッシャーにさらされることになり、ワークショップが作り上げたチームワークは、時間を経れば消えてしまう。

先に述べた大手金融サービス会社で、ワークショップの八カ月後にフォローアップ・インタビューを実施した。まず、あるユーザーのインタビューから紹介しよう。

良い方向に変わりつつある。彼ら（ＩＴ部署）の態度が変わった。電話に対する反応が素早くなった。**支援したいという気持ち**が伝わってくる。何といっても、開発プロジェクトのプランを一緒に練るところが前と違う。状況が変わっても、連絡を密にしているから大丈夫だ。遅れているときも、必ず連絡がある。こっちの言い分がわからなければ質問してくる。唯一残った課題と言えば、今までも問題になっていたプログラマーの一部のグループだ。そこは責任者が今でも横柄だ。あと、ＩＴ部署内の決裁プロセスにはまだ時間がかかっている。

次は、あるＩＴ部署の社員のインタビューからだ。

言い争いが減って、仕事が楽しくなってきた。相手に対する理解が今は深まった。以前は、「あの連中は頭が悪い」「銀行員と同じで、高級なスーツは着ていても、ただそれだけだ」と思っていた。今なら、技術的な面の理解が十分とは言えないが、彼らは彼らなりに熱心で、ビジネス・センスもあることがよくわかる。彼らの問題を一緒に解決してみて、私のほうもビジネス自体に関心が持てるようになった。今でも、要求が多すぎるとか、時間が短すぎるとかの問題で、イライラすることはある。でも、昔のように怒りとまではいかなくなった。彼らも要求を通すために社長まで動かすようなこともなくなった。ある一人を除けばね。問題が起こっても、直接話し合って丸く収めている。プレッシャーはお互い様だということが、両方とも理解できるようになったと思う。

企業文化として定着させる

パートナーシップの確立は、決して夢物語ではない。とはいえ、未解決の問題も確かにある。それまで人と部署のあいだを引き離していた力のことを考えれば、気を抜いてはならない。この関係を持続させるためには、深刻な問題を再発させないように配慮する必要がある。たとえば、関係部署が定期的に職場で一日接する場を設けて、両者の関係の現状を率直に洗いざらい検証してみるのも良いアイデアである。こうした検証でさらなる変化を促し、連携を強め、広げることができるはずだ。

なかには、非常に抜本的な改革、ときには社員にとって痛みを伴う改革もありえる。たとえば、スタッフ機能を各ライン組織のなかに分散させるような組織変更で、関係部署が合意することもあるだろう。個人の努力だけを対象とするのではなく、チームワークをもっと反映させた形の給与制度を導入するために多大な時間や労力を費やすことになるかもしれない。人員の変更もありえる。それは、人事異動かもしれない。また、カウンセリングを行い、勤務態度を変える十分な時間をとってもなお、新しい協力関係に順応する意思が見えてこない、または、その能力がない社員を解雇することになるかもしれない。

しかし、パートナーシップの確立を過去の流行や一時しのぎで終わらせないためには、ここまでやることが必要なのだ。そうすることで初めて定着し、真に協調的な企業文化が持続するのである。

11 パートナーシップを確立する

関係者全員の皆さんに得るものがあるという考え方に徹することで成功を収めること、これに優る喜びはない。

アラン・グリーンスパン

これまでの経営スタイル

これまで、社員から情熱と高いパフォーマンスを引き出す経営を実現する具体的な構成要素を列挙してきた主旨は、企業の管理職や経営者に意識改革と組織改革のための指針を提供することにある。しかし、真に意味のある組織改革を持続させるには、個人レベルの取り組みとともに、企業全体の**文化**が統治する**システム**を考慮する必要がある。

システムとは、各要素が相互に作用するものであり、一要素の変化が他の要素に変化をもたらさなければ効果の大半が打ち消される。むしろ、悪影響を与えかねない。

一方、文化とは、組織のなかで人に期待される行動、特に他者との関係性における行動を定義づける価値基準であるが、効果的な報酬制度の導入などの施策を単に実施するだけでは不十分だ。環境を根底から変え、施策の効果を最大化し、かつ持続させるには、真摯で明確な価値基準の文書化による裏づけが必要である（「我々がこれを目指す理由は……」「我々が変化に向けてこれを選択したのは……」）。第六章で紹介したジョンソン&ジョンソンの「我が信条」が格好の例であろう。その理念と行動は六〇年以上にわたって脈々と受け継がれているのだ。

我々が言うシステムや文化の核心とは、「パートナーシップ」である。パートナーシップは、ビジネス上の関係にプラスアルファをもたらす。そのプラスアルファとは、人をして、損得勘定、契約書、短期的利益が要求するレベルから自発的に一歩踏み出させる信頼と善意である。そして、ここで言うパートナーシップには、社員とマネジメント間の縦のパートナーシップと、社員間または部署間の横のパートナーシップがある。**それは、上下関係や部門の壁を越え、共通の目標に向かって共に働く関係である。**

一方、パートナーシップに基づく組織とは対照的な組織が三タイプある。完璧な一貫性こそ認められはしなかったが、多くの企業とその内部組織はこの三タイプの一つに近いものを持っている。

❶ 商取引主義

ここ二〇年ほど、社員とは本質的に「価格」をつけた商品で、その価格以上の義務を負うことはない（つまり、給料以上の存在ではない）という考え方が企業理念や経営施策に表れるようになった。この経営スタイルについては、第三章でも触れたが、昨今の人員削減、リストラクチャリング、事業再編成、人員合理化、外部委託、海外移管の動きを見れば明らかだろう。どれも社員を厄介払いしている。また、これらを実行した企業には、ＩＢＭ、コダック、ゼロックス、ＧＥといった、かつては雇用保障の牙城だった有名企業が多いのが特徴だ。また、臨時社員、契約社員の採用が多いのも特徴である。いつでも必要なときに、雇用・解雇できるからだ。

しかし、主体性を持たないモノのような扱いを受けることは、社員の士気とパフォーマンスにしかるべき悪影響を与える。憤激のあまり依願退職するところまでいかずとも、仕事や会社に対しては、「これが今どきのやり方だ。会社への忠誠心は死んだのだ。だから気にする必要がどこにある？」という皮肉めいた姿勢にはつながるだろう。

だが、商取引主義マネジメントは、社員の汗の一滴まで搾り取ろうとする冷酷なマネジメントではない。一般的には賃金は世間の相場レベルを維持しており、仕事の負荷に関しても、たいていは悪名高い搾取工場の時代へ逆行しているわけでもない。

要は、マネジメントが**無関心**なのである。その関心の対象は人間の価値ではなく、あくまで給与を支払っている具体的なタスクのパフォーマンスなのである。したがって、それ以上のものを社員に期待していない。期待以下であれば、解雇すればいいだけのことなのだ。

商取引主義は工場現場に限ったことではなく、役員室でも頻繁に見受けられる。我々がインタビューした米国中西部のある製造業の役員によれば、その会社のCEOはこんな具合だ。

こちらが辞めようが残ろうが彼の知ったことではない。会社の成功の理由はあくまで自分であり、自分の命令を遂行する部下は金で買えると思っている。あなたがこの会社に雇われて、大きなプロジェクトをモノにして売上を伸ばしたとしよう。もちろん、あなたはヒーローだ。はじめは「君はなくてはならない存在だ」とくる。でも、ほんの数カ月で、「ヒーローからゼロへ」転げ落ちることになる。自分を脅かす部下の存在自体に我慢ならないわけだ。我々は単なるモノにすぎず、この会社で価値があるのはCEOただ一人だ。

他の役員も、全員がこの見方で一致していた。この会社では、十八カ月以上働きつづけた一名を除いて、役員クラスの離職率は八〇%だった。その全員が依願退職したが、どう考えても有能な人物ばかりだった。

❷ 父親的温情主義

この言葉の意味するとおり、これは世話を焼く親と子どもの関係によく似た「会社」対「社員」の関係である。この起源は、米国では十九世紀末期から二〇世紀初期、近代産業の急激な発展が労働組合運動の波とともに押し寄せた時代にまで遡る。しかし、そのほとんどは九〇年代には死に絶えた。先ほど述べたとおり、企業は商取引主義へと移行したからである。

温情主義の組織は、何よりも、雇用喪失から社員を守るという保障を用意し、医療費や定年退職後の生活で困ることのないように諸手当制度を整備した。教育制度、保養施設、会社助成のカフェテリア、融資制度、ごく初期の「企業城下町」に見られた低価格住宅といった生活上のアメニティもそのなかに入る。社員は、自分の生涯設計を頭に置きながら、こういう会社からの福利厚生を享受していた。

だが一方で、温情主義マネジメントを導入・維持していた経営者の多くは、経済面に加えて、社員の**道徳観を引き上げる**という使命があると純粋に信じていた。つまり、自分自身を社員の親だと考え、職場の活動だけでなく、社外の活動にまで口出しすることを義務と考えていたのだ。

コネチカット州ハンフリーズビルの創建者、デイヴィッド・ハンフリーは、女子工員たちに夜更かしさせず、また、新鮮な野菜をたくさん食べさせた。マサチューセッツ州のメリマック工場では、管理人つきで女子工員が住み込む寄宿舎が考案された。会社はまた、いかなるときにも、礼儀作法から定期的な礼拝出席に至るまで、大切だと考えられるものすべてを求める契約書に署名させた。[1★]

温情主義マネジメントでは、あらゆる意思決定プロセスが家父長制的家族形態にも似て、高度に中央集権化されている。社員独自の判断の行使は特に重視されることはなく、重要な決定事項、ときにはつまらない決定まで、上司の決裁が必要になる。「王とその側近」の構図に集約されるような中央集権化は、温情主義マネジメントにさらなる厳格さを与える。

また、見逃せないのは、昇進や報酬の判断基準として忠誠心に重きを置いていた点である。パフォーマンスが無価値だったとまでは言い切れないが、「王」の「側近」はCEOとその意向に絶対の忠誠を誓っており、家臣と呼ぶのが相応しかった。もちろんパフォーマンスの高い人材に高位を得るチャンスがなかったわけではないが、独立心旺盛な考え方では限界があった。したがって、能力、大きな志、自立心を持った人材にとって安住の地となるほど魅力的ではなかった。さらにいえば、温情主義マネジメントは、パフォーマンスが標準レベルに届かない社員への対処に躊躇する。パフォーマンスより忠誠心を重視したからである。

こうした問題があったにもかかわらず、温情主義マネジメントは業界内や国内で激しい生存競争が見られなかった時代では生き残ったのだが、その多くは、実質的には寡占企業だった。その後の国内外の競争時代の到来が、温情主義マネジメントに引導を渡すことになった。

1★Ross, A. "Boarding Houses." *Journal of Antiques and Collectibles.* March. 2003; 以下を参照。www.journalofantiques.com/Mar03/hearthmar03.htm.

❸ 敵対主義

社員が惨めな雇用条件から立ち上がって組合結成に走り、大きな波風が立った会社も少なくない。一度組合化されると、社員は勝ち取ったものを守り、さらなる条件向上を求めて戦いつづけることになる。これが、敵対主義マネジメントである。

敵対主義マネジメントにおける社員の「一方が勝つと、他方が負ける」という考え方は、**経営者**の所信と行動に原因がある。社員は働くことで生計を立て、なにがしかの達成感を仕事から得て、同僚との交流を通して満足感を持ちたいと思っている。なにも戦うために職場に来ているわけではない。

争いを望まない点では、経営者や管理職も変わらない。しかし、社員に対する振る舞いには、「労使は争う運命にある」という意識が透けて見えるのだ。社員の要求が常軌を逸して「業務の正常な遂行」を妨げるようなら、彼らと戦わなければならない。それも、非常に強い姿勢で。さもないと、「彼らに蹂躙されることになる」からだ。それに対して、社員は強硬姿勢をもって反応する。つまり、**労使の意識と行動は、左右反対のミラー・イメージにすぎない**のだ。

敵対主義マネジメントと商取引主義マネジメントでは、職場における日々の管理様式に大きな違いがある。職場における敵対主義の罪とは、経営者や管理職が社員との関係で行った行為、すなわち作為の罪と言っていい。一方で商取引主義の罪とは、経営者や管理職が社員との関係で行わなかった行為、すなわち不作為の罪である。

敵対主義マネジメントでは社員への介入が過剰になり、しかも方向性も誤っている。なぜなら、社員から高レベルの生産性を引き出すには、密な監視と不十分なパフォーマンスに対する罰則で彼らを**追いつめる**しかないと考えているからだ。商取引主義下の社員の不満は、「私のことは眼中にない」であるが、敵対主義下の社員は、上司に引っ込んでいてもらいたいのだ。労働者が組合に加入するのは、経営者や管理職の気を引くためではない。彼らが自分に対して虐待的だと判断したときに、自分を守るために加入するのである。

パートナーシップの優位性

今日の米国産業界では、敵対主義マネジメントと温情主義マネジメントは、現在の経営スタイルとしてそぐわないというコンセンサスができあがっている。そして、当事者がそれぞれ独立を保った商取引関係、もしくは、対等のパートナーシップが、社員を管理するうえでの選択肢となっている。

では、パートナーシップに基づく組織が望ましいことが明白なら、約一〇%の少数派に留まっているのはなぜか。米国で商取引主義マネジメントが主流であるのはなぜか。

第一に、米国の経営者にとって、社員に対するコミットメントを控えるほうが魅力的なのだ。

なぜなら、会社から見て最小限のコストと労苦で社員を整理できるからである。社員とコミュニケーションを持ち、言い分に耳を傾けたりするのは、社員の価値以上に煩わしく思うからである。

そしてその言い分に耳を傾ける必要性が第二の原因である。経営陣のほとんどは、トップダウン型マネジメントの強力な信望者である。ところがパートナーシップは、社員に対する自発的な権限委譲を行う点で今までの三種類の経営モデルとは異なる。対等な権限ではないが、パートナーシップにおける社員の影響力は、日々の仕事の進め方や自分の職場でなされる決定事項に関しては、他の三モデルをはるかに上回っている。非管理職員への権力の分散化に対して好意的な経営者がいたとしても、無分別、そうでなければ、無政府状態に等しいと恐怖すら感じるだろう。もちろん、社員が本来の仕事以上の権限を欲しているという根拠はない。彼らが求めているのは船を操舵するリーダーである。船内の各持ち場における日々の仕事を、その仕事を一番熟知しているはずの、その持ち場の人間に任せてくれるリーダーを彼らは望んでいるのだ。

第三の原因は、速やかな利益回収と株価の反応を求める経営陣の短期志向にある。パートナーシップ・モデルとは、**長期的な**パフォーマンスへのコミットメントである。パートナーシップが企業の業績に与えるプラスの効果について、我々が示してきた調査結果は、あくまで長期的な成果に主眼を置いている。

第四に、商取引主義マネジメントは反権力イデオロギーとよく融和することからも、その魅力が増す。指摘してきたとおりパートナーシップは、報酬の基準としてパフォーマンスよりも権力や忠誠心を重視した温情主義と混同されることが多い。

それでもパートナーシップを選択し、目覚ましい成果を上げた労働組合と企業は多い。そこでは、各当事者が製品品質の向上などの共通の利益を認め合い、団体交渉プロセスに闘争の余地を残しながらも共に歩めるメカニズムを構築している。ある調査結果によれば、健全な労使関係は企業業績の伸びと密接な関係がある。[1★] さらに進めて、パフォーマンスに関する問題の所在の洗い出しと解決を共に目指せるような関係になれば、劇的な結果がもたらされる。[2★]

七〇年代末期から八〇年代初期にかけて高まり始めた労使間のパートナーシップには、多くの人が関心を寄せた。なぜなら、競争が激化する事業環境のなかで、過度に敵対的な関係の不当性がクローズアップされることになったからだ。たとえば、米国自動車産業にとっては、日本企業の勃興という大きな脅威が原動力となった。その結果、労使はこの脅威に立ち向かうために、パートナーシップを重視し、製品品質の向上を目指した。

組合化することと労使間にパートナーシップを確立することに矛盾が生じることはない。好例は、サウスウェスト・エアラインズである。同社には組合があるばかりか、その加入率は米国航空業界中トップである。社長兼COOのコリーン・バレットは次のように述べている。

1★Katz, H. C., Kochan, T. A., and Weber, M. A. "Assessing the Effects of Industrial Relations Systems and Effort to Improve the Quality of Working Life on Organizational Effectiveness." *Academy of Management Journal*. 28, 1985, p. 519; Ichniowski, C. "The Effects of Grievance Activity on Productivity." *Industrial Relations Review. 40*, 1986, pp. 75–89.

2★たとえば、以下を参照。Adler, P. S. "The 'Learning Bureaucracy': New United Motor Manufacturing, Inc." *Research in Organizational Behavior*. 15, 1992, p. 120; Bohlander, G. W. and Campbell, M. H. "Problem-Solving Bargaining and Work Redesign: Magma Copper's Labor-Management Partnership." *National Productivity Review. 12*, no. 4. 1993, pp. 519–533; Eckel R., Eckel, P. F., and Herman, A. "Lean Manufacturing, Worker Empowerment and Labor-Management Collaboration at Ford Cleveland Engine Plant #2"; 以下を参照。www.fmcs.gov (search on Ford Cleveland Engine Plant).

社外の組合代表者も含めて、私たちは全員に家族のように接しています。話し合うときには、敵対者としてではなく、共に働く仲間と見ています。会社にとって良いことを行うという点で一致しているのです。組合には彼らの利害関係者がいるはずで、私たちも尊重しなければなりません。手強い交渉相手として知られている全米トラック運転手組合との関係も良好です。相手が誰であろうが、私たちはパートナーシップを重視しているのです。[3]

同社の営業支配人であり組合活動家でもあるマーシー・ミーンズは、社員の立場からこう発言した。

サウスウェストは私の大きな貢献に対して支援してくれた。会社側につく気はないし、会社を攻撃するつもりもない。正しい行為が行われればそれで満足です。会社に対して言うべきことは確かにあるが、脅すつもりなどありません。考えの食い違いが埋められなければストライキもいいでしょう。しかし、その必要性はまったく感じません。争いは避けたい。私たちは、この会社に**属している**のです。長年にわたって存続してきた一つの組織なのです。[4]

3～4★Gittell, J. H. *The Southwest Airlines Way: Using the Power of Relationships to Achieve High Performance.* New York: McGraw-Hill. 2003, p. 165.

この二つのコメントに言い表されたスピリットは、これまで労使関係が紛糾することの多かった他の航空会社とは明らかに違う。労使関係の良否が、経営者や管理職の姿勢および行動の結果であることは明らかだ。彼らが社員と組合を敵視すれば、彼らも相手から敵視される。単純な理屈だ。

パートナーシップでは、当事者のすべての利害を突きとめる必要はない。そこに違いがあってもかまわない。パートナーシップ、すなわち**相手への信頼と尊重**という関係が革新的なのは、その違いの妥協点を探すうえで、これまでよりも現実的かつ建設的で、しかも両者に得るところが大きいからである。

パートナーシップの構成要素には、心理的なもの（会社に対して貢献しているという確かな自信）と経済的なもの（その貢献が生む金銭的利益）がある。これは、社員が会社のためにできることと、そこから社員が得るものが高度に結びついたモデルである。

パートナーシップの成功例に見られる顕著な特徴を、具体的にあげてみよう。

- **双方に有益**……共通の目標を持ち、一方の成功が他方の成功につながるという認識で一致している。
- **根本的な信頼**……相手が意図していることに信頼を置く。
- **長期的視野**……事業の短期的な栄枯盛衰に惑わされることなく、あくまで長期的関係にコミットする。

●エクセレンス……自身に、そして相手に、高いパフォーマンスを要求する。
●能力への信頼……相手の能力に信頼を置く。
●意思決定への参画……両者にとって重要な決定事項を共同で行う。
●オープンなコミュニケーション……連絡を密に行う。
●相互の配慮……相手の言い分に耳を傾け、十分考慮する。
●相互の支援……相手が高いパフォーマンスを発揮できるように支援する。
●相互の称賛……相手の貢献を称賛する。
●日々の接し方……相手に対する敬意を忘れることなく、日々接する。
●利益の共有……協働関係が生んだ金銭的な成果を、公正に分配する。

以上の基準は、労使関係、部署間の関係、社外組織（仕入先など）との関係など、あらゆるビジネス上の関係に適用できる。

すべてのステークホルダーに広げる

パートナーシップはコンセプトとして強力であり、企業と主要なステークホルダーすべてとの関係にも適用できる。

仕入先を考えてみよう。仕入先のことを、始終監視が必要な信頼の置けない「敵対者」、または最後の一セントまで搾り取る対象と考えることもできる。また、「商取引」の対象と見ることもできるだろう。悪い意味ではなく、会社が仕入先に負う責任は仕入れた商品の支払義務のみ、または、仕入先がその会社に継続的に購入してもらうためには毎回競争入札を要求されるといった関係である。

だが、仕入先に関する複数の調査で、パートナーシップが、仕入先の製品・サービスの品質と迅速な納品という面で大きなメリットをもたらすことが明らかになっている。原因は、顧客との風通しのよい双方向のコミュニケーションにより仕入先の能力が上がるから、あるいは、長期的な取引関係により経験が蓄積されたからかもしれない。また、パートナーとして扱ってくれる顧客の要求に沿う企業努力を惜しまなかったことも一因であるに違いない。

再度、サウスウェスト・エアラインズだ。彼らは、仕入先との関係をどう考えていたのだろう。航空会社にとって、欠かせない仕入先である空港会社のある役員のコメントを紹介する。

サウスウェスト・エアラインズは、空港をチームの一員と見なしている。我々がプレゼンテーションを行って以来、彼らの姿勢が変わり、共に働く一つのチームと考えるようになった。他では例がない。折り返し電話をくれるかどうかもあてにならない他の航空会社と違い、彼らこそ、私が一緒に仕事をしたかった相手だと思う。サウスウェスト・エアラインズに関しては、こちらに求められているものを、こちらのほうから知りたいと思うようになる。なぜなら、そこには大きな見返りがあるからだ。彼らのこちらに対する姿勢を考えれば、彼らの便宜のために最大限の努力を惜しまない。

——ケビン・ディロン、マンチェスター（ニュー・ハンプシャー州）空港[1★]

この言葉が示すのは、会社からパートナーとして扱われることで情熱を燃やすようになった社員の話と大差ない。社員や仕入先は、会社からパートナーとして扱われることなど誰も予想していない。だからこそ、それを目の当たりにしたときに自発的に全力をつくし、計り知れないパフォーマンスを発揮するのである。

1★Gittell, J. H. *The Southwest Airlines Way: Using the Power of Relationships to Achieve High Performance.* New York: McGraw-Hill. 2003, p. 183.

12 成功への9ステップ

パートナーシップ文化こそが、高業績企業に脱皮する確かな道である。パートナーシップが機能するのは、社員が生来持ち合わせているモチベーションと情熱を動力源として利用するからである。社員にはモチベーションが生来備わっているという考えに立ってはじめて、パートナーシップに基づく組織は効力を発する。想定が最低限であれば、得られるものも最低限度に留まるという悪循環ではなく、想定が最大限であれば、得られるものも最大化されるという好循環を生むのだ。

しかし、パートナーシップが不適切となる条件もいくつか存在する。

まず、個人差の問題だ。前向きな反応を返してこない人間に対して努力をつづけるのは、経営者や管理職にとって自滅行為である。そんな少数派は、区別して考えなければならない。周囲の同僚や組織に与える影響が小さいポジションへの異動、場合によっては解雇もありえるだろう。パートナーシップを築けない社員が一部に存在するのは、悲しむべきことではあるが事実なのだ。

また、管理職の側にも問題はある。パートナーシップの根底に流れる概念を認めることができない人々である。たとえば、社員には働く意欲が備わっている、または、社員の雇用条件に対する要求はきわめて合理的なものだという考えに納得できないのだ。パートナーシップの経験豊富な上司からの研修やカウンセリングで解消されることもあるが、それでもだめなこともある。パートナーシップ文化へ移行中の企業には、変化に対応できない、または対応する意思のない管理職の処遇という問題が、管理職ポストの解任まで含めて必ずついて回る。しかし、それを乗り越えなければ流れに逆行し、パートナーシップ文化を定着させることはとうてい無理である。

まだある。経営陣だ。彼らがパートナーシップの概念や手法に同意を明言するかどうかが問題なのではない。同意しなければ、始まるはずはない。そうではなく、彼らが、口にしたことを腹の底から信じているかどうかが問題なのだ。

経営陣は良さそうなプログラムの導入に承認はするが、その後の進捗状況にはほとんど何のフォローもしない。パートナーシップの価値をその言葉以上のものとして信じているならば、そこには**行動**が伴わなければならない。その行動にしても、スローガンや社員の日々の営みに関連性のない単発的な行為で表面的になぞるものであってはならない。こうした取り組みは、すぐになくなり、経営陣とその意図に対して懐疑論を生むことにしかならない。経営陣、特にCEOが自らアクションを起こして本気でコミットできないなら、やめたほうがいい。

我々は、パートナーシップの活用を、職業別、または国別に細かく当てはめることはしなかった。特定の職業や特定の国では機能しないという根拠はない。もちろん、細部の修正は必要だが、我々の知るかぎり、基本コンセプトはどんなケースにも通用する。共通の目標の達成に、パートナーシップが好ましくない職業や国があるだろうか。あるはずがない。

そろそろ、ステレオタイプ的な労働者像とは訣別すべきだ。ステレオタイプは、問題の責任をマネジメント手法ではなく、ときには社員の「性格」に求める。社員個人には性格の問題はあるかもしれない。だが、職種や性格を問わず、彼らにとっての適切な訓令とは、「経営者よ、癒すべきは汝自身である」。

これまでに、パートナーシップ理論を実践する具体的な方策を提案してきた。本章ではそれらの構成要素を、会社をパートナーシップ文化に変貌させるためのプロセスとして、より包括的に述べたい。

トップから始めよ

パートナーシップ文化を持つ企業の多くは、はじめからその文化を変える必要に迫られることはなかった。それは、ビジョンを持った創業者やCEOの社員のマネジメント手法に対する強い信念から始まったのだ。

フェデラル・エクスプレスのフレデリック・スミスやサウスウェスト・エアラインズのハーブ・ケレハーは、その良い例だった。しかし、長年つづけてきたまったく別のマネジメント手法と自ら決別し、パートナーシップ文化への転換を断行した企業も存在する。コンチネンタル・エアラインズのゴードン・ベスーンの大胆な改革やニューコアのF・ケネス・アイバーソンの成功がその好例である。

これらの企業から得られる教訓とは、**アクションはまず経営陣が始め、しかも彼ら自ら持続させなければならない**ということだ。

本書を読むまでもなく、自然な形でパートナーシップを実践している経営者もいるだろう。それは、彼らの**本来**の姿なのだ。ゴードン・ベスーンがコンチネンタル・エアラインズの構造改革を行った手法について語ったインタビュー[1★]の抜粋を読んでいただきたい。

コンチネンタル・エアラインズは、一九九四年には毎月五五〇〇万ドルの損失を出し、

1★*Human Capital: Strategies and News*に掲載

給与が支払われるかどうかも、支払日の三週間前になるまでわからない状態だった。CEOは一〇年間で一〇回も交替し、同社のフライトが目的地をまちがえず予定時刻どおりに手荷物つきで到着するのは、たまたまと言ってもいいほどだった。ベスーンによれば、「とにかく、不愉快な職場だった。リストラ、賃金凍結、賃金カット、合意事項の破棄がつづいた果てに、中傷、不信、不安、嫌悪が同社の企業文化となっていた。社員が楽しんでいないという言い方では、あまりにもやわらかすぎる。搭乗客に対しても社員同士でも不機嫌そうで、自分の会社を恥じていた。喜んで働く人間がいないようでは、良いサービスなどとうてい得られるはずもない。不可能だった」。

——コンチネンタル・エアラインズを変貌させるにあたって、企業文化と社員の士気はどう重要だったのでしょうか?

ベスーン　それがすべてでした。数字で答えられるものではありません。たとえば、人体における肝臓の重要度を数字で表せますか。正しい文化と士気なしには、成功など望めません。うまくいくはずがないのです。

——コンチネンタル・エアラインズに迎えられたときには収拾のつかない状況でした。にもかかわらず、社員は基本的に優秀な集団であると判断されていますが、その理由は?

ベスーン　現場を見て回ればわかることです。内側から見れば、社員の考え方に問題がないことは誰にでもわかります。機材だって悪くない。資源も十分。飛行機を操縦していて、誰がわざわざ予定時刻に遅らせようとしますか。時刻がわかっていないとでも？　飛行速度が頭に入っていないから？　これは、小学校の算数レベルですよ。全員がやるべきことを把握している。ただ、それに関心を寄せる人間が一人もいなかったのです。自分の成果や失敗が無視される状態が一〇年つづいたら、誰でも努力しなくなりますよ。

――どうやって、社員の信頼を勝ち取ったのですか？

ベスーン　信頼あるのみです。虐待されてきた子どもに接するような感じでした。子どもはこちらの話し方や振る舞いを見ますからね。彼らの周囲には、ないがしろにする大人しかいなかったわけでしょう？　だから最初はこちらが辛抱強く、行動にも一貫性を持って接しないといけません。どうせウソに決まっていると思わせたらだめなのです。彼らが本当に変わったと確信するには、時間と具体的な行動の積み重ねが必要です。

――あなたの著書『大逆転！　コンチネンタル航空――奇跡の復活』[1★]では、社員への誠実な対応、彼らとのコミュニケーション、彼らに求めるものをはっきり提示すること、規則を最小限に留め

1★仁平和夫訳、日経BP社、1998年

ることを重視しておられますが、他に付け加えることは？

ベスーン　最も重要なのは、彼らにとってプラスになる具体例を見せることです。就任した第一週に、全社禁煙としました。役員室のドアの鍵を取り外し、カジュアル・フライデーを実施して、服装規定を変えました。いい仕事をすれば特別賞与を出すようにもしました。仕事が満足できるレベルで早く終われば、彼らにも良いことがなければなりません。我々が仕事を早く片づければ、彼らも早く片づけられて豊かな生活を送れます。時間の余裕ができたら子どもを迎えに行ってもいい。とにかく好きなことをやればいい。[2★]

ベスーンはこのあと変革の具体例をさらに紹介している。顧客志向、定時運航遵守に対する月例ボーナス、「独裁的」な社員への対応マニュアルなどである。また中間管理職を交替させる必要性についても言及している。

ベスーンのアイデアの源は、次のコメントを読めばわかる。「社員のことがどうしてそこまでわかるようになったのかと聞かれて、〈私もかつては彼らの立場にいたからだ〉と答えました。つまり、同僚の気持ちを理解することが大事なのです。理解するために、彼らに手助けを頼んでもらってかまわない。そうすれば、彼らとの話し方や礼の言い方は自然と身についてくるものです」

2★"At Continental, Morale Is Everything." *Human Capital: Strategies and News*; 以下を参照。www.octanner.com/news/HumanCapital.

成功への実践プロセス

パートナーシップとは**何か**につづいて、今度はその導入と維持の**方法論**に移りたい。ただし、料理本にあるようなレシピはない。その方法論は一つではないし、整然としているわけでもなく、想定外のことが起こることもある。ここでは、比較的うまく機能した優れた九段階の実践ステップを紹介する。個々の環境に応用した場合に起こるマイナス面のリスクを最小限に抑え、第一歩を踏み出す一助としていただきたい。

これから述べるパートナーシップ導入の推奨ステップは、組織全体の変革を目指す事業組織（企業全体、あるいは企業内の独立した事業単位）用に設計したものである。したがって、企業内の各部や課などにも適用できるが、各部署は、属する企業全体の文化や他部署との関係に大きく依存するため、効果には限界がある。

パートナーシップの導入にあたっての推奨プロセスは、次のような質問形式でその意義を明確化した。

ステップ1　我々の企業目標とは何か
ステップ2　心の準備はできているか
ステップ3　厳密に、何を求めるのか

ステップ4　現時点では、どの段階にいるのか
ステップ5　現状から将来への変革に要する主な要素とは何か
ステップ6　導入プランを社員にどう周知させるのか
ステップ7　必要な具体策をどう決定し、その具体策をどう運用するのか
ステップ8　パートナーシップの実践にあたって管理職をどう訓練するのか
ステップ9　実践した内容をどう評価するのか

この九つのステップは、整然と順を追ったものに見えるが、重複する部分もあり、個々の状況に応じて前倒し、または先送りすることもある。各ステップを詳述する前に、その適用にあたって守るべき四つの基本原則を確認しておきたい。

●企業目標を見失ってはならない……せっかくの努力がプロセスにしか目がいかないようでは、目指していた最終目標からはずれ、手段自体が目的化して官僚主義と大差なくなる。その努力が目指す明確な企業目標の存在が、パートナーシップ導入の成功を約束するわけではないが、これがなければ失敗は目に見えている。

企業にとってのパートナーシップとは何かを定義するうえで、また導入後にその評価を行ううえで、企業目標は不可欠なのだ。

●パートナーシップが最良の状態で機能すれば、顧客への製品・サービスは必ず向上する……上下あるいは横との連携を促進するのは、顧客のニーズに応えて喜んでもらうためである。これこそがビジネスの絶対的な意味であり、だからこそ社員はその達成に情熱を燃やすことができるのだ。

●パートナーシップの理念を活用して変革する……パートナーシップの理念は、企業努力の目指すゴールだけでなく、そのゴールに到達する**プロセス**においても、基本原則でなければならない。秘密裏に計画する必要はないし、社員に強制するものでもない。パートナーシップが演習ではなく実戦であるかぎり、人はパートナーシップを歓迎するだけでなく、その計画と実践に参画するチャンスも歓迎するはずだ。

本プロセスの全体的な目標と期待される成果に責任を持つのは経営陣である。それがリーダーシップの必要条件であるし、社員はトップの口から直接聞きたいのだ。しかし、詳細な方針、実施事項、実践面に責任を持つのは、対象組織全体の社員から構成されるタスク・フォースである。そのタスク・フォースは、階層・機能を横断して選抜された社員による横断型組織が望ましい。またタスク・フォースに対する支援・配慮を継続させるためにも、その議長は役員レベルが務めるべきだろう。組合があるなら、彼らにも積極的な参画を求める必要がある。

●人は変化に抵抗すると決めてかかってはならない……人が変化を嫌うのは、彼ら自身または属する組織にとって悪影響を与えると考えるからであり、自分たちの助けになる変化であれば歓迎するはずだ。

人は変化に抵抗するという先入観は、管理職の非生産的な行動につながる。たとえば、「内々に進めた計画を実施直前になって初めて公表する」「変化に対して人が抱く具体的な関心に耳を貸さない」「変化を過大評価する」「変化がもたらす可能性のあるマイナス面の緩衝剤となる手だてを講じない」などだ。こうした行為が積み重なると、社員は本当に変化に抵抗しているかのように行動するようになる。変化に抵抗すると決めてかかるから、そのとおりになっただけのことだ。社員の行動は、そのマネジメント手法の裏返しなのである。社員はパートナーシップがもたらす変化を歓迎するはずだ。その信念のもとに導入を進めるべきである。

●経営陣が関わりつづけること……変革を主導し、維持するのはトップでなければならない。特に、パートナーシップ文化の導入という前例のない活動では、トップの求めるものに全社員が注目している。まず言葉で、さらに、報酬や表彰という形の行動で示さなければならない。

では、パートナーシップの導入ステップに移ろう。

STEP 1

我々の企業目標とは何か？

パートナーシップ導入の最大の理由は、企業の根幹となる具体的な目標の達成にある。「このほうが良さそうだ」とか「社員は喜ぶだろう」といった抽象的なものではない。パートナーシップの成功例には必ずと言っていいくらい、顧客に提供する製品・サービスの向上という唯一最大のゴールがある。しかし、そのゴールが何であろうが、企業がパートナーシップとその効果を考えるうえで、目標は不可欠である。

STEP 2

心の準備はできているか？

企業目標を達成する道としてパートナーシップ文化を選択するにあたっては、変革に要する時間や労力に対する熟慮が必要だ。最大の落とし穴は、形を整えれば何とかなるだろうという誘惑である。根本的な問題や変革の実行から逃げ、覚えやすいスローガンや形ばかりのコミュニケーション、会議漬けの単なる「予定表」にすり替えてしまうのは簡単だ。だが、これらは、ビジネスの本質とも、社員の日々の状況とも何の関係もない。

はじめに経営陣は、パートナーシップの姿とパートナーシップでできること、そして、自分自身の考え方を熟考する。前者は文献や資料を読み、この分野の専門家とのディスカッションを管理職や社員を交えて行うことで可能だ。すでに実践に成功した企業を見学するのは非常に有益である。うまく機能している現場の視察や当事者から受ける説明は、大いに役立つはずだ。

それが終われば、直ちに自己診断だ。心の準備を診断する意味で、アンケートの実施を提案する（付録A「準備アンケート」参照）。対象者は、会長、社長、役員など、経営陣全員である。当然のことながら、彼らが**心から**感じている本音を書かせることが重要だ。社会的に容認されやすい回答や上長の考えに迎合するような回答では意味がない。各回答は機密事項とし、第三者にスコアリングを依頼する。スコアリング手法についての説明も付録Aに用意した。

次に、自己診断の結果を見ながら、経営陣が徹底的に検討を重ねる。率直なディスカッションができるように、現場から離れた場を設けることが望ましい。アンケート結果は、続行の可否や特に注意の必要な点についてのディスカッションを促すことにつながる。

STEP 3 厳密に、何を求めるのか？

これも、現場から離れた場を設けることが望ましい。会社が目指すもの、およびその理由を、具体的かつ包括的に文書化する。企業目的や基本理念、ビジョンが文書化されている企業では、それらとも整合性を持たせる（第六章参照）。文書化は、会社がその社員とのあいだに望んでいる関係への決意表明にもなる。その文書には、パートナーシップ文化がなぜ企業目標達成の助けとなるのかが記述されていなければならない。また、変革へのプロセスを明らかにして具体的な内容にまで踏み込めば、信頼感が高まる。たとえば、「他社と比べても遜色のない賃金レベルにする」「業務改善に要する権限を委任する自主管理チームを立ち上げる」などだ。

また、会社ができることには限界があることをはっきり伝えることによって、信頼はさらに強固なものとなる。「終身雇用を約束できない」のであれば、「余剰人員は可能なかぎり自然減と再教育や配置転換で吸収する」などの代替案を明示する。

経営陣が文書化に直接携わり、その熟考の成果物を社員に公開することは不可欠である。当該文書はドラフトとし、ステップ6で最終決定のうえ公表する。

STEP 4 現時点では、どの段階にいるのか？

基本的な方向性が設定できたら、文書に記載されたパートナーシップの目標を達成するうえでの会社の現状をよく分析する。これは、経営陣の考えだけでは不十分だ。彼ら自身は会社の現状を把握しているつもりでも、それがつねに正しいとは限らない。良い意味でも悪い意味でも先入観はあるはずだ。

現状を把握するには、社員自身の給与に対する考えと他社との給与水準の比較のような、主観的評価と客観的評価の組み合わせがベストである。ただし内容によっては、客観的なデータを得るのが難しく、意識調査に頼らざるをえないものもあるだろう。

個々の部署、職種、階層別に調査を実施することも忘れてはいけない。これにより、問題の

内容だけでなく、その**所在**を把握することが可能になり、具体的なアクションの策定・適用がより的確に行える。たとえば、「ブルーカラー層は専門職に比べて尊重されていないと感じている」「特定部署の社員が、他部署との協力関係が他と比べて薄いと感じている」などである。

カテゴリー別のデータは、本プロセスの後半で、個々の管理職に「自分の部下がパートナーシップを複数の次元でどう見ているのか」「上司の行動をどう見ているのか」を明らかにし、管理職自身の自己診断や研修にも役立つ。また、実行されたアクションの評価とパートナーシップに向けた進捗状況の評価にも使える。

STEP 5

現状から将来への変革に要する主な要素とは何か？

ここまでくれば、経営陣には、導入すべき主な改革策とその優先順位をよりいっそう明確化する準備が整っているはずだ。その決定に際して、次の四原則は一助となるだろう。

● **パートナーシップを一つのトータル・システムとして考える**……パートナーシップ文化の各要素に相互依存性があることはすでに述べた。一つの要素だけを、他の要素を考慮することなく変更すれば、効果を減じ、逆効果になることもある。給与や雇用保障における公平感に欠陥がある場合、まずそれに対処することなく、あるいは少なくともその問題に真剣に取り組む意思を明らかにしないまま、非経済面の変更に手をつけることには慎重でなければならない。基本的な公正さが欠落していると社員が感じている状態では、称賛や権限委譲をしても意義が失われるか、長続きすることはない。また、生産性の向上が余剰人員やリストラを誘発するおそれがあれば、パートナーシップを確立することはできない。各要素の重要度ではなく、守るべきものの順序の問題である。

●目に見える結果を速やかに出す……良さそうな制度がいつの間にか消えていった過去の経験から、本プロセスに対してははじめから懐疑的な社員も多いだろう。したがって、パートナーシップの各要素の相互作用を熟慮し終えたら、意義の大きいアクションを一つか二つ選んで速やかに実行する。これは、経営陣の誠実さの証明である。

ある会社では調査の結果、「役員フロア」の存在が社員と担当役員間の交流を阻害し、パフォーマンスや意思決定の迅速さを大きく妨げているという実態が浮き彫りになった。その後、役員室を、社員にもっと近い場所に移動させた。役員のあいだでも、これは非常に評判がよかった。こうしたアクションは、意義が大きく、結果が目に見えて、パートナーシップ精神に則り、しかも実行しやすい。また、部署同士の関係改善も、速やかに実行しやすいアクションだ。

●メインの改革策には十分に時間をかける……速やかに実施すべき具体策も一部にはある

が、核となるものには分析と実行に十分な時間をかける。たとえば自主管理チームは、事前準備が必要なうえ、チーム編成そのものに加え、周辺の支援業務（管理職や社員の研修など）を要する根本的な構造改革である。このような重大な方策は、まず社内のモデル部署で試験導入するのが望ましい。その様子をよく考察し、全社規模で実践できるように改良を加えるのである。新しい文化の導入は終わりのない活動だ。大企業であれば、社員全員が社員参加型の文化の果実を手にするまで三〜四年は覚悟すべきだろう。

●アクション・プランは、そのつど改良を重ねる……初期のアクション・プランは、つねに追加、削除、改良を加えて発展させていくことが必要だ。「計画段階で見落としていた」「事業環境が変化した」「まったく新しい環境が生まれた」「それまで見えなかったものが見えてくる」などに対処する。初期プランの位置づけを社員にも伝え、プラン改善への積極的な参加を奨励しなければならない。

この四原則とともに、目的や目標の設定、会社の現状評価を通じて、経営陣は初期段階に実施すべき改革策を決定する。この段階ではアクション・プランを詳細に立案する必要はない。大量の事務職員を抱えるある大手金融機関では、企業目標を「カスタマー・サービスを劇的に向上させる」と設定し、次のようなアクション・プランを立案した。

パートナーシップ確立のためのアクション・プラン（初期段階）

1　**雇用保障**……本アクション・プラン実施の結果として人員削減は行わず、いかなる理由があっても、人員削減を最小限に留める努力をつくす。

2　**報酬**……特定の部署に給与の不公平感がないか調査し、あれば矯正する。全社員の給与に対する考え方を研究する。

3　**顧客別組織の導入**……特定の顧客層（製品および業種別）に絞った専門チームを編成する。このチームの評価法を確立し、チームを基準としたボーナスを検討する。また、チーム管理や社員参加型マネジメントに関する管理職の研修、相互協力に関するチーム・メンバーの研修を行う。さらに、カスタマー・サービスを最大化するにあたっての障害を、チームから学ぶ。

4　**チーム・ビルディング制度の導入**……スタッフ部署とライン部署、特に複数の部署にまたがるチーム・ビルディング制度を導入する。

5　**公式の情報伝達**……定期的に進捗状況（カスタマー・サービスの改善状況と顧客満足度）を全社員に報告する。

6　**実行委員会（経営陣）の現場訪問**……実行委員会の全メンバーがすべての現場を訪問

し、社員との交流を図るためのスケジュールと手段を考案する。

7　**服装規定の改定**……形式ばらない服装規定を制定する（接客時のような例外規定あり）。

8　**不要なステータス・シンボルの廃止**……駐車場の役員専用スペースは廃止し、全社員一律で駐車順とする。管理職専用飲食施設は廃止する。

9　**職場環境の改善**……問題のある部署を是正する。

10　**特別報奨制度の導入**……卓越した個人やグループのパフォーマンスに対して、特別報奨制度を検討する。

このなかで即座に実行すべきものは、「服装規定の改定」と「不要なステータス・シンボルの廃止」だ。意義も大きく、初期段階で社員の信頼を勝ち取るには最適である。我々の経験では、ステップ1～4までは経営陣による二回の会議（一回につき二日ないし三日）で完了できる。もちろんこれ以外に、研修資料の準備や、調査の実施および結果の分析など、付随業務は少なくない。

また、この段階で、アクション・プランは経営陣の範疇をはるかに超えるものとなる。したがって、ここで一段階か二段階下の管理職を交えて会議を持ち、綿密な意見交換を行ったほうがよいだろう。そこで経営陣が検討成果を提示することにより、それに対する反応がわかる。その場にいる**管理職自身**にどう影響を与えるかには特に注意が必要だ。改革策の一部に反発する管理職がいるかもしれない。ある企業では、ステータス・シンボルを失うことを知り、

「このために働きつづけてきたのに」と会議で発言した管理職もいた。また、本プロセスにおける彼らの役割については、「広範囲なパートナーシップを実現するための具体的なアクションを考案するタスク・フォースに協力すること」のように、きちんとした説明が必要だ。

この会議の席上で、経営陣はパートナーシップへの強いコミットメントを宣言しなければならない。また、その場で管理職が自分の意見を述べ、提案を行うことが重要であり、彼らが期待していることが反映されるからこそ、各部署でプランが実行されるのだ。経営陣はまず耳を傾け、適切だと判断すれば、取り組む。もちろん、活動全体を損なう提案に取り組むことはないが、それ以外の有益だと判断された事柄に関しては、しかるべく改良を加える。

STEP 6

導入プランを社員にどう周知するのか?

本プランの全貌は全社員に周知しなければならない。その際、経営陣の高い理想と、成功させるための時間と労力の現実とのバランス感覚は必要だ。社員を「その気にさせる」のに熱心なあまり、周知の過程で、会社は得られるメリットを誇張しがちだ。奇跡の薬であるかのように扱い、実現に要する長い時間や行く手に予想される障害に触れることは少ない。パートナーシップが良いアイデアだということを執拗に説く必要はない。社員が納得したいのは経営陣の誠実さであり、それを達成できるのは**アクション**だけだ。

コミュニケーションの目的は、パートナーシップ文化の原理的な説明、特にビジネスの成功と社員の仕事への満足度に与える影響を伝えることにある。と同時に、パートナーシップを機能させるために全社員に要求されるもの、そしてパートナーシップの限界と落とし穴の可能性といった厳しい側面を知らせなければならないが、その際には有益かつ現実的な方法で伝達するという姿勢を貫く必要がある。

伝達の方法については、会社の公式メディアを通じたCEOからのものと、各職場単位の会議を通じた上司からのものを併用する必要がある。後者の実施にあたっては事前に関係管理職と打ち合わせして、プランとそこに至った経緯を直接説明し、彼らの質疑に答え、部下との会議に備えさせることが望ましい。**確信を持って社員を信頼する**ことが鍵である。

STEP 7

必要な具体策をどう決定し、その具体策をどう実践するのか？

経営陣による基本プラン策定が終わり、具体的なアクション・ステップへ移行する段階になると、全社から選抜された代表者からなるタスク・フォースの出番である。タスク・フォースのメンバーは、全階層・全機能を横断して選抜された社員による横断型組織が望ましい。さらに、トップは役員であるべきだ。それによって、パートナーシップに取り組む会社側の決意を表明することにもつながる。ただし、この種のリーダーを務めるに足るマネジメントの見識を持ち合わせていない人間を選んではならないことは当然だ。

タスク・フォース方式にはよらず、経営陣で進めるほうが望ましい場合もある。給与がその例だ。組合との公式な団体交渉制度がない場合でも、社員が自分たちの給与制度の決定に参加するのは不適切である。自分たちの給料に対する考え方を問いただされることもあるだろう。たとえば、「給与調査では他社と遜色ないという結果が出ているのに、そうではないと考えるのはなぜか？」といった具合だ。また、変動給に対する考えを求められるかもしれない。しかし、結局のところ、それを決断するのは経営陣である。

各タスク・フォースは、そのミッションについてのオリエンテーション後に、次の事柄を担当する。

- 与えられた課題の範囲を画定する。
- その課題の解決に要するあらゆる知識（他社のノウハウなど）を収集する。
- アクション・プランを策定する。
- アクション・プランの実施に要する責務、資源、スケジュールなどの詳細を決定する。
- 提案事項の有効性評価の基準を提示する。

全タスク・フォースおよび実施活動の連絡調整を行うのは全社実行委員会であり、月一回程度の会議を持ち、タスク・フォースは進捗状況を報告するものとする。実行委員会は、個々のアクション・プランの改良を提言し、最終決定に向けた承認を行う。また、変革プロセスが進行する過程で社員から出てきた意見を吸い上げ、実行に移す役割も果たす。この実行委員会の委員長は役員クラスであり、CEOまたはCOOが望ましい。

ここまでで、経営陣の時間的負担が大きいと思われたかもしれないが、そのとおりである。彼らの責任は**重大**だ。形ばかりの計画であれば、目標・プランの承認だけを行い、ごくたまに報告を受け、所感を述べれば済む。しかしそれでは、真剣さが伝わらないのだ。今やろうとしているのは、**企業文化の根本的な変革**である。CEOもしくはCOOは、自らを最高変革責任者（CCO…チーフ・チェンジ・オフィサー）と認識しなければならない。それくらいの覚悟がなければ、パートナーシップ文化への移行そのものを再検討すべきだろう。

STEP 8

パートナーシップの導入にあたって管理職をどう訓練するのか？

今度はパートナーシップ文化を管理職自身の行動に反映させる教育だ。雇用保障や報奨制度などの経営方針や経営慣行だけでなく、社員の人格を尊重した接し方や日々の形式ばらない称賛の言葉などの日常的な行為が、部下の士気とパフォーマンスを向上させる効果は大きい。現場の管理職がパートナーシップに則って行動しない場合には、パートナーシップ文化が想定した効果がもたらされることはない。

管理職研修の方法論は数多いが、模範的な管理職の行動を観察・模倣しながら学べる「行動模倣訓練」が最適だろう。[1★] 実際の研修は、対象となる組織の状況や、意識調査で明らかになった管理職の長所や短所、パートナーシップへの準備度合いなどに合わせる。管理職に関係する

1★Goldstein, A. P. and Sorcher, M. *Changing Supervisory Behavior*. New York: Pergamon Press. 1974.

課題は広範囲におよぶが、意識調査の結果を部署別に分析すれば、管理職間の違いが浮かび上がるはずである。さらに、社員の意識を管理職に伝えると、部下から見た自分のミラー・イメージを目の当たりにすることになり、変化を促す強力な刺激剤となる。個人レベルの調査データを「行動模倣訓練」と組み合わせることで、パートナーシップ文化と整合した管理職を育てることになる。

STEP 9

実践したことをどう評価するのか？

企業文化の変革は複雑なうえ、長期にわたる。慎重な試験導入を経ても、パーフェクトな結果で終わることはない。我々が相手にしているのは人間であり、想定外のことが必ず起こる。自主管理チームの責任者は、直近の業績を気にする上司のプレッシャーを受け、元の独裁スタイルに逆戻りするかもしれない。自主管理チームの支援部署は、蓋を開けてみると非協力的かもしれない。チーム・パフォーマンスに報いるために導入した新給与制度は、その評価基準に対する疑義を巻き起こすかもしれない。現実の世界では、この種のことがよく起きる。

したがって、経営陣は「現状はどうなのか？」とつねに問いかけを行い、それまでの経験に照らして適切なアクションを起こさなければならない。そのためには、社員とのあいだに定期的なミーティングを持つべきである。また、社員の意識を時系列で追跡する調査を定期的に実施し、その定量データをパフォーマンス結果と結びつけて検討するよう勧める。パートナーシップの唯一最大の目的が、高レベルのパフォーマンスの土台となる社員の士気の向上にある以上、その評価にはパフォーマンス評価との整合性がなければならない。会社が真の変革をやり遂げ、しかも収益性を伴うものであれば、調査結果に必ず表れるはずだ。頭に残った印象も目に見える結果も不十分であれば、毎日の行動に変化が見られないか、悪くなるかのどちらかである。全社レベルでも、管理職個人レベルでも、同じことが言える。

社員は盟友である

圧倒的多数の人間の行動原理とは、公平感、達成感、連帯感の三つであるというのが本書の主題である。そもそも人間は所属する会社や同僚に害をおよぼす行為など望んではいない。しかし、現実には会社や同僚の成功を気にも留めない状況がよく見られる。その原因は、会社で起こったさまざまな出来事にある。職場で日頃積もり積もった欲求不満の結果、本来持ち合わせているはずの良い素質とは反対の方向に行動が向いたのかもしれない。経営者や管理職が人を資産とは考えず、コスト、抵抗勢力、諸悪の根源として扱っているのかもしれない。または、ごく少数ではあるが、非常に目につく社員の無関心層が、管理職に労働者の性悪説的な考え方を植えつけているのかもしれない。

パートナーシップに基づく組織は、リーダー、特にＣＥＯが、現在の姿だけではなく将来の姿を予測する先見性を持ってはじめて現実のものとなる。そのためには、人間の性質への洞察力やパートナーシップの理念を伝える説得力だけでは不十分である。それを具体的な経営方針や日常的な経営慣行に落とし込むためには、長期間にわたって取り組む忍耐強さ、勤勉さがなければならない。変革を成し遂げるには、考え方においても行動においても、社員を「盟友」として扱わなければならないのだ。

付録

（付録は横組みで、頁の順序は逆になります）

▼

付録 B-2

	満足	中間	不満
職位	(%)	(%)	(%)
管理職	83	12	5
上級	88	8	4
中間	85	11	4
下級	80	14	6
非管理職	74	17	9
給与労働者	76	16	8
時間給労働者	72	19	9
地域			
北米	77	16	8
ヨーロッパ	68	23	9
業種			
ヘルスケア	79	15	6
小売	78	16	6
金融機関	77	15	8
製造業	76	17	7
石油/ガス/鉱業	71	22	8
従業員規模			
1000人以下	77	16	7
1000～4999人	77	15	8
5000～9999人	76	15	9
1万～2万4999人	78	15	7
2万5000人以上	71	19	10

付録B 人口統計学的グループ別、職業別、地域別の仕事満足度

以下の表B-1では、仕事そのものに対する満足度を人口統計学的グループ別、職業別、地域別に分類した。

表B-1 「現在の職務における仕事そのものに対する満足度を評価してください」という質問に対する回答の人口統計学的グループ別、職業別、地域別分類

	満足	中間	不満
勤続年数	(%)	(%)	(%)
2年以下	76	18	6
2～5年	73	19	8
5～10年	75	17	8
10～20年	77	16	7
20年以上	77	17	7
性別			
女性	76	16	8
男性	75	18	7
人種グループもしくは民族グループ			
白人	76	16	8
黒人	76	15	9
ヒスパニック	79	14	7
アジア系	75	16	9
ネイティブ・アメリカン	75	14	11

(右頁へつづく)

付録A　準備アンケート

準備アンケートは、経営者や管理職にパートナーシップ文化の導入に対する準備を支援するツールである。パートナーシップに対して、言葉のうえで異議はなくとも、本音では引っかかるものがある（そして、それを口にすることを躊躇する）ケースはそれほど珍しくはない。準備アンケートは、その本音を「白日の下に晒して」公に議論し、十分な説明に基づいた合意のもとでアクション・プランを実践する一助となる。

準備アンケートは、主なパートナーシップに基づく経営方針・慣行を網羅するものだ。対象企業の個別の事情に合わせて、追加・削除していただいて差し支えない。

記入の終わったアンケートは、第三者機関にスコアリングを依頼する。スコアリング手法についての説明も本項にある。

では、準備アンケートを、以下に紹介しよう。

準備アンケート

本アンケートの目的は、社員との関係におけるあなたの基本的な考え方を測定することです。アンケート結果は後日徹底的に議論され、人事管理の手法を変更するうえで貴社の準備ができているか、できているなら具体的に何を変更すべきか判断する材料になります。回答者の名前は伏せた形で、結果が報告されます。アンケート記入にあたっては、次のガイドラインに従ってください。

- 質問は、会社と社員との関係に関するものです。回答に際して、貴社の社員全体を頭に置いてください。その社員全体に対する経営方針・慣行は、こうあるべきだというあなたの考えが知りたいのです。

- 質問によっては、「社会的に容認されやすい」答えを書きたくなるかもしれませんが、あなたが純粋に感じていることを書いてください。「正解」は、あなたの本音以外にはありません。繰り返しますが、あなたの回答を貴社の他の方が読むことは絶対にありません。

- 各質問の回答は、7段階評価で行います。

以下に回答例を記します。

（**例題**：会社の経営方針・慣行をあなたが決められるとしたら、どちらを選びますか？）

例 給与が他社の同職種より低いとしても、社員には必要以上に支払う必要はない。	1	2	3	4	5	6	7	給与が他社の同職種より高いとしても、社員には可能なかぎり支払う。

あなたが、他社の同職種を下回っても最低限の賃金でいいと判断されるなら、「1」を丸で囲みます。あなたが、他社の同職種を大きく上回っても社員には可能なかぎり支払っている（または、将来的に支払いたいと考えている）場合には、「7」を丸で囲みます。あなたの判断が両極のあいだのどこかに位置する場合には、あなたの判断の度合いに合わせて「2」から「6」までの数字のどれかを丸で囲みます。中間点は「4」です。

それでは、始めてください。対象はあくまで、貴社の社員全体およびその社員全体に対する経営方針・慣行であることを忘れないでください。「社会的に容認されやすい」答えではなく、あなた自身が純粋に感じていることをお書きください。

（設問：会社の経営方針・慣行をあなたが決められるとしたら、どちらを選びますか？）

［答えに該当する番号を丸で囲んでください］

1	給与が他社の同職種より低いとしても、社員には必要以上に支払う必要はない。	1 2 3 4 5 6 7	給与が他社の同職種より高いとしても、社員には可能なかぎり支払う。
2	諸手当が他社の同職種より低いとしても、社員には必要以上に支払う必要はない。	1 2 3 4 5 6 7	諸手当が他社の同職種より高いとしても、社員には可能なかぎり支払う。
3	安全性確保は、法規に定められた最低限のものでよい。	1 2 3 4 5 6 7	安全性確保には、最善をつくす。
4	余剰人員は、可能なかぎり速やかにリストラする。	1 2 3 4 5 6 7	リストラ回避のためには、最大限の努力を払う（配置転換などで）。
5	リストラ対象の社員には、解雇手当以外に考慮する必要はない。	1 2 3 4 5 6 7	リストラ対象の社員には、可能なかぎり手厚く遇する。
6	社員にはあくまで、礼儀をわきまえ敬意をもって接するべきだと考えている。	1 2 3 4 5 6 7	社員に対する敬意には、まったく関心がない。

7 社員は、たとえ経験豊富であっても、厳密な指揮監督が必要だ。	1 2 3 4 5 6 7	経験豊富な社員の指揮監督は概括的なものに留め、各自の自覚とモチベーションに任せる。
8 社員の表彰は、卓越したパフォーマンスとまではいかずとも(満足のいくものであれば)、広範囲に行う。	1 2 3 4 5 6 7	社員の表彰は、卓越したパフォーマンス(想定を大きく上回った場合)に対してのみ行う。
9 各社員が「業務全体」の一部分だけを担当するように、可能なかぎり分業を進める。	1 2 3 4 5 6 7	各社員が可能なかぎり「業務全体」を担当できるように、「職務範囲の拡大」および「職務内容の充実」を図る。
10 社員教育は、可能なかぎり行う(その結果、追加コストが生じたとしても)。	1 2 3 4 5 6 7	社員教育は、最低限のもので十分である。
11 社員がより高度な課題に取り組めるように、人材開発の場を設ける。	1 2 3 4 5 6 7	そこまでする必要はない。
12 社員には担当業務に「必要な情報」だけを伝える。	1 2 3 4 5 6 7	社員とは、可能なかぎりコミュニケーションをとる(決定に至った理由、会社の現況など)。
13 社員とのコミュニケーションでは誠実でなければならないと考えている。	1 2 3 4 5 6 7	コミュニケーションの誠実さには関心がない。

14	社員はその階層に関係なく、会社の成果を分配すべきだ（ボーナス、基本給の昇給、諸手当の引き上げなど）。	1 2 3 4 5 6 7	社員に会社の成果を分配することには関心がない。
15	社員はどんな形であっても搾取されてはならないと考えている（超過勤務手当や振替休日なしの長時間労働など）。	1 2 3 4 5 6 7	まったく関心がない。
16	仕事の負荷は、社員の健康、家族を含めた生活に害をおよぼさないものであるべきだと考えている。	1 2 3 4 5 6 7	法規の許すかぎり、最大限の業務量を与えるべきである。
17	職場環境は、可能なかぎり快適であるべきだと考えている。	1 2 3 4 5 6 7	働くのに必要最低限の環境で十分である。
18	家族を含めた社員の生活のために、正当な休暇が取れる手段を講ずる。	1 2 3 4 5 6 7	休暇は（救急時のような）例外的な状況だけで十分である。
19	社員に不平不満があれば、徹底的かつ客観的なヒアリングを行う。	1 2 3 4 5 6 7	まったく関心がない。
20	業績が悪化した場合には、経営陣をはじめとして全階層が何らかの犠牲を払うべきだと考えている。	1 2 3 4 5 6 7	まったく関心がない。

21 組合とは協調する（ない場合は、あるものと想定）。	1 2 3 4 5 6 7	組合とは可能なかぎり争う。
22 階層間のステータスの差別化は廃止する（駐車場の役員専用スペース、管理職専用飲食施設など）。	1 2 3 4 5 6 7	ステータスの差別化は、継続する。
23 社員間または部署間の協力関係およびチームワークを促進する。	1 2 3 4 5 6 7	まったく関心がない。
24 社員間または部署間の競争を奨励する。	1 2 3 4 5 6 7	まったく関心がない。
25 昇進に関しては、（社外からの招聘よりも）社内の人材を優先する。	1 2 3 4 5 6 7	優先する必要はない。
26 経営陣は、定期的に全階層の社員の席まで出向いて会話を交わすべきだと考えている。	1 2 3 4 5 6 7	そこまですることはない。
27 業務中に関係のない会話を社員同士が交わすことをやめさせる。	1 2 3 4 5 6 7	まったく関心がない。

記入が終わったら、自分用のコピーを1部取って、評価者に送付してください。コピーは、回答者全体の結果に関するグループ・ディスカッションの際に持参し、他の人の回答と比較してください。

アンケート・スコアリングの説明

スコアリングは簡単です。各質問の回答は、7段階です。パートナーシップ・スコアの最高得点が「1」である質問と「7」である質問があります。それは読んだだけでもおわかりだとは思います（トリックも裏の意味もありません）が、スコアリング・シートに明記されています（「スコアリング・シート」参照）。

次に、各質問別または質問の組み合わせ別に平均スコアを出します。そのために、つねに7点がパートナーシップ・スコアの最高得点となるように、1点が最高得点である質問を換算する必要があります。まず全回答者の得点合計を回答者数で割り、各質問の平均スコアを計算します。1点が最高得点である質問に関しては、その数字を8から引き算します。

たとえば、第10問の回答が12人分あるとします。第10問では、「社員教育は、可能なかぎり行う」が1点、「最低限のもので十分である」が7点です。

	1	2	3	4	5	6	7	
10 社員教育は、可能なかぎり行う（その結果、追加コストが生じたとしても）。								社員教育は、最低限のもので十分である。
得点別の回答者数	2	4	3	1	2	0	0	

得点別の回答者数を各得点で掛け（2人×1点、4人×2点、3人×3点……）、得られた数字を合計し（2+8+9……）、その合計（33）を回答者数（12人）で割って、平均値を計算します。この例では、得られた平均値は2.75です。第10問は1点が最高得点なので、8から引き算します。すると、平均スコアは5.25（8.00−2.75）となります（7点が最高得点の質問では、8から引き算しないでください）。

こうして、質問別に評価に使用できる平均スコアが計算できました。その平均スコアをスコアリング・シートに記入してください。スコアリング・シートには、次のような「平均の平均」用の記入欄があります。

- **パートナーシップの総合スコア**……全質問の平均スコア（全平均スコアの合計を質問数（27）で割った数字）
- **公平感スコア**……「公平感」関連の全質問の平均スコア
- **達成感スコア**……「達成感」関連の全質問の平均スコア
- **連帯感スコア**……「連帯感」関連の全質問の平均スコア

このスコアをグラフにすることもできます（たとえば、得点を縦軸にした棒グラフ）。パートナーシップの総合スコア、公平感スコア、達成感スコア、連帯感スコアを1頁に、各質問の平均スコアを公平感、達成感、連帯感の順に並べたものを1頁にして、2頁にまとめるとよいでしょう。

満点は7点です。得点や平均スコアと満点との差をもとにグループ・ディスカッションを行ってください。何をもって「問題がある」と判断するかについて明確な基準はありませんが、我々の経験則では、平均スコアが5以下のものとしています。

スコアリング・シート

「公平感」に関する質問	平均スコア	評価用平均スコア★
1		
2		
3		
4		
5		
6★		
13★		
14★		
15★		
16★		
17★		
18★		
19★		
20★		
21★		
22		
26★		
公平感スコア合計 （評価用平均スコアの合計）		
公平感平均スコア （上記を17で割った公平感最終スコア）		

★印の質問の評価用平均スコアは、8.00から平均スコアを減じた数字です。
それ以外は、評価用平均スコアは平均スコアと同一のものです。

「達成感」に関する質問	平均スコア	評価用平均スコア★
7		
8★		
9		
10★		
11★		
12		
25★		
達成感スコア合計 （評価用平均スコアの合計）		
達成感平均スコア （上記を7で割った達成感最終スコア）		

「連帯感」に関する質問	平均スコア	評価用平均スコア★
23★		
24		
27		
連帯感スコア合計 （評価用平均スコアの合計）		
連帯感平均スコア （上記を3で割った連帯感最終スコア）		

パートナーシップ・スコア合計 （評価用平均スコアの全27問合計）		
パートナーシップ平均スコア （上記を27で割ったパートナーシップ最終スコア）		

ウォートン経営戦略シリーズ刊行にあたって

情報は一瞬にして世界を駆け巡る。ビジネス環境は急速に、そして刻一刻と変化している。ビジネスリーダーは、タイムリーに変化に対応し、新しい取り組みを実践し、成果として実現させなければならない。この成否は第一義的にビジネスアイデアの優劣に大きく依存している。

ペンシルバニア大学ウォートンスクールは米国で有数のビジネススクールであり、2004年にピアソンエデュケーションと共同でウォートンスクールパブリッシングを立ち上げた。世界的な研究者が執筆し、ウォートンスクール教授陣のレビューを経て、優れたビジネスアイデアを有する実践的なビジネス書として刊行している。

ウォートン経営戦略シリーズは、ウォートンスクールパブリッシングの発行するビジネス書のなかから、「理論に裏打ちされながらも実践的であること」「事例に基づき信頼性の高いこと」「日本のビジネスリーダーにとって有意義であること」などの基準によって選出し、日本の読者に提供する。本シリーズが、日本のビジネスリーダーの知見を深め、変革を達成する一助となり、経済全体および社会全体の発展に貢献できれば幸甚である。

スカイライト コンサルティング株式会社
代表取締役　羽物俊樹

デビッド・シロタ

David Sirota

シロタ・コンサルティング創業者、名誉会長。コーネル大学、イェール大学、MIT、ペンシルバニア大学ウォートン・スクールで教鞭をとり、フォーチュン誌やニューヨーク・タイムズにも多数寄稿。母校のミシガン大学では社会調査研究所研究責任者を務める。IBM行動科学応用研究所のディレクターを経て現職。シロタ・コンサルティングは、従業員、顧客、地域社会との関係を体系的に評価・管理し、組織の達成能力の改善につなげることで、全米で高く評価されている。

ルイス・A・ミスキンド

Louis A. Mischkind

IBMで役員研修プログラム責任者、一般製品部門人事管理顧問、技術部門の意識調査・管理評価担当などを経て、シロタ・コンサルティングに入社。組織効率の調査、マネジメント・プラクティスの応用に35年以上関わっている。また、ニューヨーク大学社会・組織心理学課程で教鞭をとる。コロンビア大学で実験心理学修士号を、ニューヨーク大学で組織心理学博士号を取得。

マイケル・アーウィン・メルツァー

Michael Irwin Meltzer

シロタ・コンサルティングの顧問を20年務めたのち、同社の専務取締役兼顧問に就任。財務コンサルティング、不動産開発、営業および流通、建設業など、多種多様な企業の顧問を担当。また、ペイス大学非常勤助教授として、企業組織、不動産法、信託および財産の分野で教鞭をとる。ブルックリン・ロー・スクールにて法学博士号を取得。

日本語版　企画・翻訳

スカイライト コンサルティング株式会社

経営情報の活用、業務改革の推進、IT活用、新規事業の立ち上げなどを支援するコンサルティング企業。経営情報の可視化とプロジェクト推進力を強みとしており、顧客との信頼関係のもと、機動的かつきめ細やかな支援を提供することで知られる。顧客企業は一部上場企業からベンチャー企業まで多岐にわたり、製造、流通・小売、情報通信、金融・保険、官公庁などの幅広い分野で多数のプロジェクトを成功に導いている。http://www.skylight.co.jp/

藤竹賢一郎

Fujitake, Kenichiro

慶應義塾大学経済学部卒業。外資系コンサルティング会社、事業企画会社などを経て、スカイライト コンサルティング株式会社に入社、マネジャーとして現在に至る。業務系ソフトウェア開発、ERPパッケージ導入、ネット広告関連ベンチャーの立ち上げ、通信系企業の新規事業立ち上げ・運用支援など多岐にわたるプロジェクトに従事。

● 英治出版からのお知らせ

本書に関するご意見・ご感想を E-mail（editor@eijipress.co.jp）で受け付けています。
また、英治出版ではメールマガジン、Web メディア、SNS で新刊情報や書籍に関する記事、イベント情報などを配信しております。ぜひ一度、アクセスしてみてください。

メールマガジン：会員登録はホームページにて
Web メディア「英治出版オンライン」：eijionline.com
ツイッター：@eijipress
フェイスブック：www.facebook.com/eijipress

熱狂する社員
企業競争力を決定するモチベーションの3要素

発行日	2006 年 2 月 10 日　第 1 版　第 1 刷 2022 年 1 月 20 日　第 1 版　第 10 刷
著者	デビッド・シロタ、ルイス・A・ミスキンド マイケル・アーウィン・メルツァー
訳者	スカイライト コンサルティング株式会社
発行人	原田英治
発行	英治出版株式会社 〒 150-0022 東京都渋谷区恵比寿南 1-9-12 ピトレスクビル 4F 電話　03-5773-0193　　FAX　03-5773-0194 http://www.eijipress.co.jp/
プロデューサー	高野達成
スタッフ	藤竹賢一郎　山下智也　鈴木美穂　下田理　田中三枝 安村侑希子　平野貴裕　上村悠也　桑江リリー　石﨑優木 渡邉吏佐子　中西さおり　関紀子　片山実咲　下村美来
印刷・製本	大日本印刷株式会社
装丁	重原隆
編集協力	阿部由美子　和田文夫

ISBN978-4-901234-80-1　C0034　Printed in Japan

1

ウォートン経営戦略シリーズ、第1弾
世界最大の成長市場「BOP」を狙え！

ネクスト・マーケット［増補改訂版］

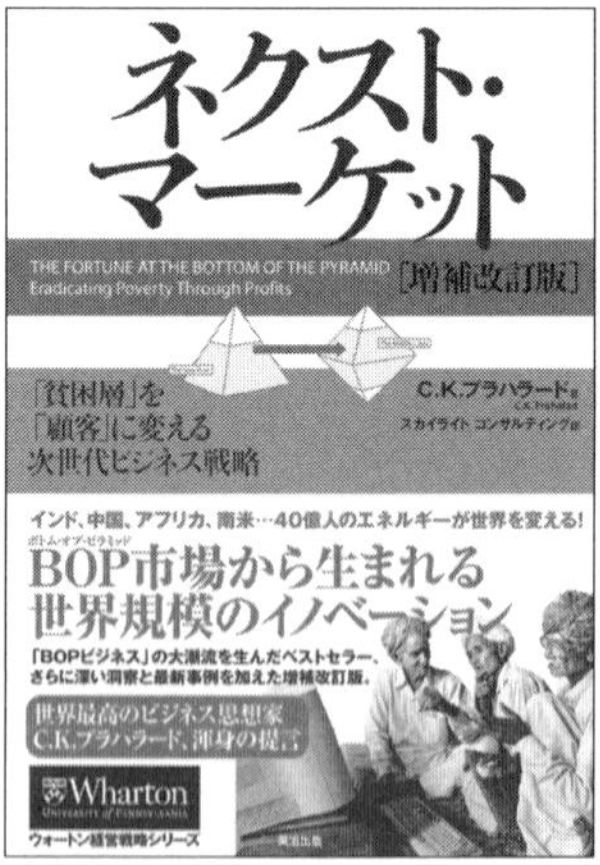

世界40～50億人の貧困層＝ボトム・オブ・ザ・ピラミッド（BOP）は、企業が適切なマーケティングと商品・サービスの提供を行えば、世界最大の成長市場に変わる！BOP市場の巨大な可能性と「ビジネスを通じた貧困削減」の希望を示して全世界に絶大な影響を与えたベストセラーの増補改訂版。骨太の理論と豊富なケーススタディを通して、動き始めた巨大市場の実状とビジネスの未来が見えてくる。

C・K・プラハラード著／スカイライト コンサルティング訳
定価：本体3,200円＋税　本文680頁

3

ウォートン経営戦略シリーズ　第３弾
財務とマーケティングを融合し、経営を革新する！

顧客投資マネジメント

その投資は、効果に見合っているだろうか？　マーケティングの効果は見えづらく、M&Aでの買収価格や企業価値を適切に評価することは容易ではない。本書は、マーケティングと財務の双方の視点を融合して「顧客価値」を測定する、シンプルかつ実践的な手法を紹介。経営の意思決定に強力な指針を提供する。

スニル・グプタ、ドナルド・R・レーマン著／スカイライト コンサルティング訳
定価：本体 1,900 円＋税　本文 256 頁